JN306892

哀しいドイツ歴史物語

歴史の闇に消えた九人の男たち

菊池良生

筑摩書房

本書をコピー、スキャニング等の方法により無許諾で複製することは、法令に規定された場合を除いて禁止されています。請負業者等の第三者によるデジタル化は一切認められていませんので、ご注意ください。

目次

哀しいドイツ歴史物語——歴史の闇に消えた九人の男たち

まえがき――哀しい死者たち

かねてから不思議に思っていた。彼らはなぜ死ぬのか？　テレビのどこかのチャンネルで時代劇のヒーローたちが毎夜、成敗《せいばい》に及ぶ大量殺戮《さつりく》の犠牲者たち。悪辣《あくらつ》な若年寄《わかどしより》や勘定奉行《かんじようぶぎよう》、それに金で糸を引く薩摩《さつま》屋や越後《えちご》屋ならば仕方がない。問題は、「者ども、出会え！　出会え！」で駆けつける無名戦士である。彼らは無敵のヒーローに躊躇《ちゆうちよ》なく斬りかかり、決まって命を落す。それはまるで自殺に等しい。一見、理不尽極まる主君や主人を守るために自ら進んで命を投げ出すかのように見える、このような戦士の自己犠牲がなぜにかくも貫徹されるのか？

幕閣の中枢に座る武士と御用商人が結託しての悪巧みと、その告発という筋立てから見て、テレビの大量殺戮時代劇の時代設定はだいたい、江戸中期から後期にかけてのものである。そして江戸も中期、後期になると、貨幣経済に遅れをとり、商人に首根っこを押さえられていた当時の武家社会には奇妙な「陰険な忠誠心」（司馬遼太郎『街道をゆく』）が蔓延《はびこ》っていた。彼我《ひが》の実力を顧みず無謀にもヒーローとの斬り合いに突進する無名戦士の必死の闘いもまたこの「陰険な忠誠心」の発露なのだろう。

しかし、それではなぜ陰険なのか？　かつて戦国時代から江戸初期にかけて武士は殺生を生業《なりわい》としていた。つねに生死ぎりぎりのところに身を置いていた彼らは全身に血飛沫《ちしぶき》を浴びながら非合理的なパトスの赴くままに生きていた。このときの武士の主君への忠誠心は、時として武士自身の利害打算を超えて、主君との私的・個人的繫《つな》がりに裏打ちされていた。それゆえ、たとえば主君が国家叛逆を決意し、そのために組織そのものが存亡の危機に瀕《ひん》したとしても、武士は主君のそうした個人的情念の迸《ほとばし》りに喜んで殉じることが間々あったのである。良くも悪くも、これが弓矢取る身の一つの習癖であった。

ところが江戸中期から後期、武士は戦士であることを罷《や》め、「諸人這《は》ひ廻《まは》りおぢ畏《おそ》れ、御《ご》尤《もつと》もとばかり申す」(山本常朝《つねとも》『葉隠《はがくれ》』)家産《かさん》官僚となっていた。世禄世職《せいろくせいしよく》の武士にとっては藩、お家、組織そのものが生命線である。彼らが自らの命を的に守るのは主君個人ではなかった。彼らが必死に守ったのは何よりも組織であった。主君が悪事に手を染めた。事が露見すれば組織そのものが危ない。とすればその悪事を告発しようとする者をどんな悪辣《あくらつ》な手を使っても闇に葬らなければならない。うまく事が運べば、その時点で暗愚な当代を退け、次代を据えればよい。あるいは万一、自ら命を落しても、組織が安泰ならば、嫡男が家禄を継ぐことができる。ともかく今は何が何でも事の露見を防がなければならない。こうして、彼らは主君個人のためではなく、組織防衛のために無敵のヒーローに斬りかかるのである。

そんなヒーローの一人である眠狂四郎《ねむりきょうしろう》は凄惨な殺戮を繰り返しながら「武士というもののこうした歪《ゆが》められた人生に対して、ひそかに冷笑した」（柴田錬三郎『眠狂四郎無頼控』）。この凍り付くほどの冷笑は狂四郎自身の出自にその根元がある。つまり、狂四郎は幕閣の一翼を担う大目付《おおめつけ》の息女が邪悪な転びバテレンに犯されるという徳川幕府の最も忌み嫌う形でこの世に生を受けた。生まれ落ちたその瞬間から江戸幕府の武家組織から排除された狂四郎はこうして、無数の無名戦士を斬りながら、彼らに「陰険な忠誠心」を強いる組織を断っていく。だからこそテレビを見る我々は思わず溜飲を下げるのだ。

しかし、考えてみれば、我々がこのように組織をぶった斬るヒーローたちの快刀乱麻にカタルシスを覚えるとすれば、それは現代に生きる我々自身もまた、今なお、組織と個の危うい関係に置かれていることに他ならないからである。

このことに思い至るとき、ヒーローに殺される無名戦士の「歪められた人生」がつい我が身につまされてくる。そして彼らにそぞろ哀れを催してくるのである。本書を書く動機の発端はここにあった。

ところで、犬死《いぬじに》という言葉がある。無駄に死ぬことである。ふつう、この言葉は死者が己の死に至るプロセスに積極的に関与している場合に使われる。つまり、死者は自ら進んで死地に赴く。その際、彼はひょっとしたら自分の死が栄光に包まれた死であると信じていたかもしれない。

ともあれ、彼は彼なりの一つの価値観に従って行動したのである。彼は自らの死でもって彼の価値観を彼が生きてきた社会に向けて表現しようとしたのである。そして彼は死んだ。しかし、その死は何の意味をももたらさなかった。この無駄死の二つのケースを見てみよう。彼の価値観と社会のそれとが激しく対立していた場合、彼の死は社会へのプロテストとなる。しかし、社会はとてつもなく巨《おお》きく、彼個人の存在は限りなく小さい。社会は微動だにせず、彼の死そのものにも気がつかない。まさしく彼の死はまったくの無駄死であった。

次に、彼は自分が社会と価値観を共有していると信じていた。彼はその社会のために死んだ。ところが、彼の死後、社会が変わり、かつて肯定されていた価値観が反転し否定の烙印を押される。そんなとき、中有《ちゅうう》をさまよう彼の魂魄《こんぱく》は自問するだろう。自分はいったい何のために死んだのだろうか?

いずれにせよ、犬死という言葉はこんなふうに使われることが多い。だとすれば、「犬死せし者」は、彼の死がたとえ蟷螂《とうろう》の斧、すなわちはかない抵抗であったとしても、あるいは信じていた社会に裏切られたものであったとしても、ともかく一種、ヒロイックな死への動機を持っていたことになる。

そしてこのヒロイックな死への動機とその死の結果との収支決算が大きくマイナスになっているように見えるとき、人は半ば冷笑気味にその死を犬死という。これはかなり哀しい死である。

しかし、哀しい死は、死者が死へのヒロイックな動機を持っていようと、持ってなかろうと、それこそ無数に転がっている。

たとえば社会に翻弄され、自分が死ななければならない理由も何もわからず、死を強制された死者。まわりの嫉妬の炎《ほむら》に焼き尽くされた死者。主君に忠誠の限りを尽くし、あげくにその主君から鼻紙を捨てるように捨てられて悶死した死者。黒々とした桎梏《しっこく》の身に耐えきれず、死へ逃れようと緩慢な自殺を遂げた死者。おだてられ先頭に立ち、突っ走り、ふと後ろを見るとだれもついてこず、やすやすと敵の餌食になった死者等々。

彼らには死へのヒロイックな動機などなかった。そして彼らの死は彼らを死に追いやった側の社会にとって何の意味もなかった。だから社会は彼らの死を即座に忘れる。これでは彼らの死とその結果の収支決算もへったくれもない。彼らがただ一方的に大損の死を迎えさせられたに過ぎない。

それは死者自身にとって文字どおりまったく無益な死であった。それだけその死の哀れさがひとしおとなってくる。こうして無益に死に追いやられることも、無益に死ぬことと同じように犬死と言えないだろうか？　何なら括弧付きの「犬死」と表現しても良い。少なくとも本書は、本人の意志とかけ離れたところで無益に強制される死も犬死と表現することにした。

さて、最近私はヨーロッパの中世後期から近世にかけてのことを考えている。とりわけ、中世ドイツ（オーストリア・ハプスブルクを含む）が近世の扉をこじ開けた激動期のことを考えている。

ところで、ヨーロッパのどこの国も近代の産みの苦しみを嫌というほど嘗《な》めさせられた。しかし、ドイツは特に産後の肥立ちが悪く、母体は瀕死の状態に陥った。すなわち、ドイツ近代は四分五裂の分裂状態の固定化に始まったのである。

この頃のドイツ王国は「ドイツ民族の神聖ローマ帝国」と称していた。これをヴォルテールは「神聖でもなく、ローマ的でもなく、そもそも帝国ですらない」と揶揄《やゆ》している。このグロテスクなまでの分裂状態の主役たちは「住民十二人、ユダヤ人一人」（林健太郎編『ドイツ史』）と皮肉られた豆粒国家までも含めた約三百の諸侯国である。これらの諸侯国が抗争を繰り返している間にドイツはヨーロッパの後進国に陥った。これが、一つの定説である。

しかし、このことすべてがマイナスに働いたわけではない。諸侯国の我儘《わがまま》、良く言えば個我の横溢が莫大なエネルギーとなって、ドイツを動かしたとも言える。それは徳川三百諸侯の互いの並々ならぬ競争心が多くの地方文化を育んでいた江戸時代と似ていなくはない。

ともあれ、このドイツの分裂状態は十六世紀の宗教分裂にその最大の原因を見ることができるが、しかし、分裂の芽は宗教改革以前にもありすぎるほどあったのである。極論すればタキトゥスが『ゲルマーニア』で報告しているドイツ上代からこのかた、ドイツはゲルマン諸族の「民会精神」が脈打ち、強力な王権が不在だったのである。ドイツ諸侯の勝手極まる我儘が横行し、あるいは諸侯の個我が横溢しドイツは貴族共和国の様相を呈していたのである。

中世後期、皇帝家（国王家）ハプスブルク家はこの現状を打破せんと、皇帝（国王）の権力独占を図った。もちろん諸侯はこれに抵抗した。曰《いわ》く、「ドイツの自由を守れ！」と。ここで「ドイツの自由」とは諸侯の様々な特権のことを指す。諸侯はこの特権によりいままで散々甘い汁を吸ってきた。それがいまさら侵されてたまるか！　というわけだ。そして、この諸侯の抵抗にドイツの内憂外患が味方する。宗教分裂。中欧ドイツが皇帝権力を中心に一枚岩になることを極度に恐れたフランス、イギリス、ローマ教皇らのたび重なる干渉。そして東にオスマン・トルコの脅威。これらの危機が内部の結束を固めるのではなく、逆に権力の空洞化を促進させた。

かくして、ドイツは皇帝権力と「ドイツの自由」との最大の激突であるドイツ三十年戦争（一六一八～四八年）を経て近代になだれ込んだ。ハプスブルク家の国家権力独占の夢は潰《つい》え、ドイツの分裂状態は固定化した。そして諸侯は自国領内での君主権の権力独占を果たし、それぞれの絶対主義を布《し》いていく。

こんなドイツ中世から近世には、皇帝、諸侯の飽くなき権力欲の犠牲となって無益な死を強いられた死者は枚挙に遑《いとま》がない。

本書はここに多くの題材を採っている。登場する死者はヘーゲルの言う「世界史的個人」は一人もいない。華やかな歴史群雄の底に埋もれてしまうような人物だけである。組織に蹂《じゅう》躙《りん》されながら死んでいった人々。本書は彼らの哀しい死を敢えて犬死と捉え、彼らの死に行く風景を描こうとしている。そしてその風景は一度は確立された君主権が徐々に崩壊していく近世以降まで伸びている。すなわち、十五世紀から十九世紀にかけての犬死の物語である。

彼らの死が哀しいがゆえに、死んだら損、死ぬ者貧乏、という思いを根底に抱きながらこの物語は流れていく。

第1章…黒幕に操られ見捨てられたお人好しな太鼓叩きの物語

笛と太鼓をかき鳴らす中世の楽師

一五世紀ヨーロッパは神秘主義の温床であった。打ち続く戦乱と、それにも増して恐ろしい疫病が蔓延《はびこ》り、至るところで死骸の舞踏《ダンス・マカーブル》が繰り広げられていたからである。人々は残されたわずかなひとときを母の懐に抱かれて過ごすことを願った。聖母マリア信仰がブームを巻き起こす。そんなとき、聖母マリアの顕現を説く得体も知れぬ一人の太鼓叩きがたちまちのうちに聖者に祭り上げられ多数の巡礼を引きつけた。こうした集団ヒステリーの恐ろしさを権力者の本能として察知した教会領主は太鼓叩きを異端として葬り去ろうとする……

暴力が剝き出しの世界の中で

江戸元禄の元旦。前夜の雪が日本晴れの陽をキラキラと反射している。そんなめでたい正月の朝、ある旗本屋敷の門前にカッと目を見開いた一つの生首が置かれていた。門番は腰を抜かすほどに仰天し、屋敷に事の次第を告げる。「さては当家に仇《あだ》なす輩の不埒《ふらち》な所行、きっと糾明せずにおくものか！　しかしそれにしても正月早々、縁起でもない、早急にかたづけい！」と用人はいきり立つ。そして殿様にしかじかかくかくと言上する。ところが殿様は、「何？　生首が！」と一瞬、唸りはしたが、やおら、「それは瑞兆《ずいちょう》である、これはめでたい！　弓矢取るものの習いは敵の首を掻《か》き切ること、正月に御首が我が家に現れたとは、これぞ武門の誉れ、いやめでたいぞ！」と言い放った。

岡本綺堂《きどう》が『半七《はんしち》捕物帳』の中で半七老人の口を借りて語った江戸時代のエピソードである。「生類憐《しょうるいあわれ》みの令」のような稀代の悪法が布《し》かれる平和ボケした元禄時代にこんな武張《ぶば》った武士が本当にいたのかと首を傾げたくなるところだが、少なくとも戦国時代から江戸初期にかけてはこのような武士がごろごろといたのかもしれない。実に殺伐とした話である。ここには、もっぱら殺生を事とした武人が自らの畜生道の酬いを受けて哀れにも中有《ちゅうう》の空にさまよう様を語る『平家物語』（「木曾最期《きそのさいご》」）の仏道心は微塵《みじん》も感じられない。武士たちはただひたすら殺せ！　殺せ！　と叫んでいるようである。

確かに殺し、焼き尽くし、奪い尽くすのは戦いの常である。それは洋の東西に変わりはない。とりわけキリスト教・ヨーロッパでは聖書が殺生を生業《なりわい》とする武人、すなわち騎士を言祝《ことほ》いでいる。武人とは「いたずらに剣を帯びているのではなく、神に仕える者として、悪を行う者に怒りをもって報いる」(「ローマの信徒への手紙」)ために神が造り給うた祝福された身分なのである。神の国の防衛という聖戦において武人は戦うことで神に奉仕するのである。

だからこそ十六世紀ドイツで農民戦争により「領国全体の危機」が訪れたとき厳格な聖書原典主義者マルチン・ルターは、秩序を守る殺戮や略奪もまた愛の行為なのだ、それゆえ軍人たちよ、現世の主権に刃向かう不逞《ふてい》の農民どもを「安んじて戦争の慣わし通りに」、殺せ、焼き尽くせ、奪い尽くせ、と吠えたのである(吉村善夫訳「軍人もまた祝福された階級に属し得るか」)。

要するにキリスト教は、非武装絶対平和の思想では断じてないということである。「ヨーロッパ人は根っからの戦士である。彼らは敵に勝ち、殺し、その肉を食らい、その血を飲みたいという欲望を知っている。この欲望を『文明化』したのが聖体拝領、ミサの生贄《いけにえ》だ」(ヘール、杉浦健之訳『われらのヨーロッパ』)。

そしてヨーロッパ中世は感情の抑制が効かない暴力剝き出しの世界であった。それは刑法典にも色濃く現れる。

ドイツでは神聖ローマ皇帝（ドイツ王）カール五世が一五三二年に刑法典《カロリナ》を定めている。これはドイツ三百諸侯が自分たちの主権の印としてその手に握っていた裁判高権のもと、それぞれ残虐な方法で駆使していた刑法を体系化した帝国統一版であった。つまりこうして、「耳切り」「鼻切り」「眼抉《くじ》り」「指および腕切り」「斬首」「車裂き」「焚刑《ふんけい》」「焼火箸《やけひばし》挟み」「四つ裂き」「溺殺刑」等々のつい、目をそむけたくなるような身体刑が皇帝のお墨付きを得たというわけである。

まさに、生首一つに慌《あわ》てふためいていたのではとても身が持たない時代であった。

痛い、熱い、苦しい

話はカール五世の刑法典が定められる約半世紀前のことである。

一四七六年、教会領主であるヴュルツブルク司教が一人を焚刑、二人を斬首に処した。焚刑は異端の廉《かど》によるものである。とはいっても教会そのものが刑を執行するのではない。教会は自らが手を下すことを嫌う。教会は、異端と見なした者をただ「世俗の腕に棄てる」（渡邊昌美『異端審問』）だけである。すると世俗の権力がその異端者を世俗の刑法に基づいて勝手に焚刑に処するのだ。これについては教会はあくまでも関知しないというのが建て前である。要するにあまりにも見え透いた偽善である。

さて、ここで面倒なのは司教領では聖界の権威と世俗の権力を同一人物が握っているということである。これはやくざの親分が十手取り縄を持ち二足の草鞋《わらじ》を履くようなもので、やりたい放題といってもよい。したがって教会領主はいかなる良心にもとることなく世俗領主もうらやむ贅沢三昧に耽ることができたのである。

たとえば歴代ヴュルツブルク司教のある一人について次のような逸話が残っている。司教が四十頭の馬で領内を回っていると、一人の農夫がこれをじっと見ていた。不審に思った司教がその農夫に、お前は何を考えているのかと、尋ねた。すると農夫は、いやあの聖キリアヌス様（七世紀にフランケン地方に布教した聖者）もこんなふうに四十頭の馬で旅をなさったのかと思いましてね、と答えた。司教は、今、お前が見ているのは諸侯なのだ、司教が見たければ聖母マリアの祝日に司教座聖堂にやってこい、といけしゃあしゃあとのたまわった。これに対して農夫は、それじゃ、諸侯が悪魔とつるんだりしたときには司教様はどうするおつもりですか、ときつい一発をお見舞い申し上げた（フランツ、寺尾誠他訳『ドイツ農民戦争』参照）。

当時の、大司教、司教ら高位聖職者の品性とはだいたいがこんな程度であった。そしてそんな坊主たちの生態を見つめる領民たちの目もまた冷やかであったのである。

ともあれ、一四七六年七月十九日、ヴュルツブルクのヤーコプ修道院裏手の平坦地にしつらえられた刑場で焚刑が執行された。もちろん、ヴュルツブルク司教ルドルフ・フォン・シエレンベルクは前述の偽善手続きが中抜きされ、異端告発者が同時に刑執行の責任者になってしまうことに気が引けてしまうようなタマではなかった。そんな柔な人物では司教は務まらない。しかも今回の焚刑はローマ教会ヒエラルキー上、司教の上司に当たるマインツ大司教ディーター・フォン・イーゼンブルクの意向も働いている。それゆえ、一四一五年に執行された宗教改革の先駆者ヤン・フスの焚刑に倣《なら》い、万事、手抜かりなく運ばなければならない。

すなわち、異端者を徹底的に焼き尽くすのだ。そして残った灰は念入りに掻き集めマイン川に沈めてしまうのである。死骸《しがい》の断片が少しでも残ってはならない。残ればそれは異端派の聖遺物となり、信仰の対象となってしまうからである。

しかし、それにしても大仰《おおぎょう》であった。プラハ大学総長を務め、体系だった理論を構築し、コンスタンツ公会議では皇帝ジギスムント、帝国諸侯、高位高官、高僧を相手に一歩も引けを取らなかった異端派の超大立者ヤン・フスを処刑するのならともかく、このたびの罪人は生地、生年も未詳のどこの馬の骨ともわからぬ若者に過ぎないのだ。

若者は牧童にして太鼓叩きであった。太鼓も叩き、笛も吹いた。祭礼の日に巡礼客でにぎわう各地の宿屋で、客の踊りにあわせて笛太鼓を鳴らし、たまには陽気な歌も歌って聞かせた。要するに辻音楽師で、ヘルムシュタットという寒村での牧童としての仕事がなければいずれは諸国を放浪して回る無宿人の群に身を投じる身の上であった。当時の定住身分社会にあってこの若者は塵芥《ちりあくた》のような存在であった。それがマインツ大司教のお声掛かりで焚刑に処せられたのだ。

その処刑の日、罪人は若者と二人の農夫であった。まず二人の農夫が首切り役人に首をはねられた。若者は赤い衣服を纏《まと》った首切り役人に聞いた。

私も首をはねられるのか？

いかにも無邪気に過ぎる。処刑後はその死骸の痕跡をいっさい消し去れ、と命じる当局の意気込みとの落差は大きい。若者は処刑直前にこんな暢気《のんき》な問いを発するぐらいだから、自身が焚刑にされる意味をまったくわかっていなかったのだろう。

首切り役人は、

いや、お前には別の刑が用意されている。

と答え、若者を杭に縛り付けた。

彼は業火に焼かれながら、それでも初めのうちは健気《けなげ》にも聖母マリアの讃美歌を歌っていた。もちろん教養人士の使うラテン語ではなく、土着の言葉ドイツ語でだ。だがそれもまもなく、「痛い！　熱い！　苦しい！」という断末魔の呻《うめ》きに変わった。それは火炙《ひあぶ》りの中、

「イエス・キリスト、生ける神の子よ、我が魂に憐れみを!」と格調高く二度叫んだヤン・フスの威厳とは比ぶべくもなかった。

それではなぜこんな若者がよりによって火炙りにされたのだろうか?

牧童にして太鼓叩きの預言者

若者の名をハンス・べーハイムという。牧童にして太鼓叩きである。そして彼の太鼓叩きとしての主な稼ぎ場はフランケン地方のヴェルトハイムからほど遠からぬタウバー・タールのニクラスハウゼンであった。

ここニクラスハウゼンには奇跡を行う聖母マリア像を「御神体」とする巡礼教会がある。一三五四年、時の教皇イノケンチウス六世によって、巡礼者への贖罪《しよくざい》付与が公式に認められてからというもの、この教会はドイツ有数の巡礼地になった。ところが一四七〇年代になると、巡礼客の数は減少の一途をたどり、かつてのにぎわいも影を潜めるようになる。教会関係者はこれに頭を悩まし、何らかの改善策を講じなければ、と焦っていた。そんなときである。救世主が現れた。ハンス・べーハイムである。

この牧童にして太鼓叩きは一四七六年の四旬節《しじゆんせつ》(復活祭前の四十日)の中日(三月二十四日)、ニクラスハウゼンにその姿を現した。彼は巡礼教会の前で愛用の太鼓を燃やし、「自分が野原で家畜を放牧していたある土曜日の夜、白い衣服を着た聖母が現れ、こうするようにと自分に命じ給うたのだ」（『ドイツ農民戦争』）と言った。たちまち彼のまわりに人垣ができる。彼はこれらの人々を前に、近頃、世にはびこる奢侈《しゃし》と傲慢《ごうまん》を激しく詰《なじ》り、世の滅亡と神の怒りを預言する。

預言者は激烈な社会批判から事を起こすのが相場である。まずはすぐに目がつく華美な衣装を槍玉に挙げる。托鉢《たくはつ》修道会士や有名どころではフィレンツェのサヴォナローラらの教会改革者と同じようにハンス・ベーハイムもまた装飾的な胴衣、丈の短いドレス、尖った靴を呪ったのである。ここまでは通り一遍だが、後は一種、ローカルな説教となる。すなわち、このニクラスハウゼンに聖母マリアがその御姿を顕示し給うたのだから、この地でこそ完璧な贖宥《しょくゆう》が得られ、魂は直接天上に向かう、それゆえ当地巡礼はローマ巡礼よりもはるかに価値がある、と言うのだ。

この説教に教会関係者が雀躍《こおどり》して喜んだことは言うまでもない。

事実、この日から毎日曜日と祭礼日に行われたハンス・ベーハイムの説教はあっという間に評判を呼び、バイエルン、シュヴァーベン、ライン、ヴェッテラウはおろか、ヘッセン、チューリンゲン、ザクセン、マイセン、果てはスイスからも巡礼が押しかけてきたのだ。人々はこぞってこの太鼓叩きを聖者と崇《あが》め、先を争って彼の体の一部に触れようとした。おかげでニクラスハウゼンは巡礼客でごったがえし、往時をはるかに凌ぐ活況を呈したのである。

と、ここまではよかった。ところが、ベーハイムの説教が聖母マリアによる救済にとどまらず、その内容は日に日に過激さを増していったのである。第一にその徹底した坊主批判である。上はローマ教皇から下は田舎神父に至るまで、教会、修道院は破戒坊主の巣窟であったことは当時の常識である。ベーハイムの坊主弾劾は喝采をもって迎えられる。彼は熱病にかかったように吠えまくる。

教皇は悪人、聖職者は貪欲、傲慢の権化だ。彼らが悔い改めなければ世界が災いを被ることになる。彼らの聖職禄などもってのほかだ。自らの足で托鉢し生きろ。教会に納める十分の一税の金は本来、あくまでも義捐金であるべきで、税であってはならないものだ。そのうち聖職者たちは殴り殺されるだろう。彼らは人々に坊主だと知られぬように両手で自分たちの禿頭を覆い隠すことになるだろう。

民衆はこの説教に酔った。そして歌った。

天に在《まし》ます我らの神に不満を申し上げたい。
主よ憐れみ給え！
坊主どもを殴り殺すべからず、とは。

主よ憐れみ給え！

ベーハイムの舌鋒はとどまるところを知らない。そして彼は坊主批判の返す刀で世俗の権力を斬る。

領主に払うあらゆる税を廃止しろ。たとえば農奴が死ぬと残された者は領主に死亡税を払わなければならない仕組みなどめちゃくちゃな話である。領主たちも我ら同様に額に汗して自分たちのパンを手に入れろ。山の幸、川の幸は神が恵み給うた万民の財産である。少なくとも昔はだれでも近くの山で薪《たきぎ》を拾い、野原で家畜を放牧し、川で魚を捕ることができた。それが今では金を払わなければ御法度となる。とんでもない！　聖職諸侯、世俗諸侯、伯爵、騎士たちは有り余る富を持っているのに、領民は彼らになおも税を払わなければならない。これは皇帝が諸侯、伯爵、騎士たちに徴税権を付与しているからに他ならない。このことを是正しようとしない皇帝は教皇と同じく悪人である。憐れむべきかな、汝、領民たちよ！

こうして、いまや扇動的預言者となったベーハイムの日曜ごとの説教は約四万の人々をニクラスハウゼンに集めるようになった。これが四カ月続く。ところでこのニクラスハウゼン

16世紀に描かれた「太った修道士」の戯画。強大な権力を握る教皇と私欲に耽る聖職者を揶揄している。

の教会はマインツ大司教区に所属している。坊主であり同時に諸侯でもある大司教ディーター・フォン・イーゼンブルクは巡礼に混じった密偵の報告により事態が容易ならざることを識《し》った。そして七月、大司教はニクラスハウゼンへの巡礼禁止令を発し、ベーハイムの領主であるヴュルツブルク司教に彼の逮捕を要請したのである。

司教もこれを了承する。

一方、このことをいち早く察知したベーハイムは七月最初の日曜日の説教を「汝らは老婦子女を家にとどめ、汝ら男子はできるだけ多くの者をともない聖マルガレーテの日に（七月十三日）、ここニクラスハウゼンに集まれ！　その際、巡礼杖の代わりに、片手に蠟燭《ろうそく》、もう一つの手に剣、槍《やり》、戟《ほこ》、鋤《すき》、鍬《くわ》を持ち武装して集え！　さすれば聖母マリア様が汝らのなすべきことをお告げになるだろう」と締めくくった。

しかし、ヴュルツブルク司教の動きはすばやかった。司教は聖マルガレーテの祭日の前夜、騎馬武装隊でもって危険分子ベーハイムの寝込みを襲わせ、司教の居城に連れてこさせたのである。

翌十三日、ニクラスハウゼンにはベーハイムの呼びかけに応じて三万四千の武装した民衆が集まった。彼らはベーハイム逮捕の報を聞くや失意落胆し、大部分は逃散してしまった。すると、一人の農民が、「私の目の前に聖三位一体が現れ、我らがヴュルツブルクの城に向かえば城門は開け放たれ、預言者は我らのもとに還ってくると告げた」と叫んだ。残った民衆はこれに励まされ、四人の指導者のもと、五百の蠟燭をつけながらヴュルツブルク城に向かった。その数約一万六千。

ヴュルツブルク司教はこれら民衆に領主としての強い警告を発した。叛徒《はんと》となった一万六千の民衆の大部分を占めていたヴュルツブルク司教領の農民は震え上がり、すごすごと家路についた。しかし、他の地区からの農民はほぼ丸腰にもかかわらずなおも抵抗を示した。司教の騎馬武装隊がこれを襲う。三十人近くが命を落とし、百八人の農民が捕らえられる。だが彼らは二人を除きやがて釈放されることになる。そして取り置かれた二人はこのたびの騒《そう》擾《じょう》の首謀者と見られ、ベーハイムとともに刑場送りとなり、前述のように首をはねられたのである。ちなみにこのうちの一人は聖三位一体のお告げを民衆に語ったあの農民であった。

ともあれ、こうしてその後、ドイツに燎原《りょうげん》の火のように広がった「大ドイツ農民戦争」の前兆といわれるこの「最初の農民の謀反」（エンゲルス、大内力訳『ドイツ農民戦争』）はとりあえずは終息した。

死者の背後に潜む影

しかし、けっして終わってはいない。

ベーハイムの火炙り後もニクラスハウゼンへの巡礼は後をたたず、マインツ大司教が躍起になって、巡礼禁止令、破門令、聖務禁止令を発してもその勢いを止めることはできなかった。これに業を煮やした大司教はついに一四七七年、ニクラスハウゼンの巡礼教会そのものを取り壊すという暴挙に出た。そしてその際、マインツ大司教は不埒《ふらち》にもヴュルツブルク司教とそれに教会周辺の領主であるヨハン・フォン・ヴェルトハイム伯爵と語らい、教会に堆《うずたか》く積まれていた莫大なご供物、金銀や宝石類を三人で山分けしてしまったのだ。

しかし、これでも一件落着とはならない。

つまり、このニクラスハウゼンでの巡礼突発事件は、たかが牧童にして太鼓叩きに過ぎないハンス・ベーハイムと名もしれぬ二人の農夫を処刑して幕引きにするには謎がありすぎるのである。

早い話が、牧童にして太鼓叩き、無学無知、そして夢想家にして扇動的預言者ハンス・ベーハイムとはいったい何者なのか？　これは永遠の謎かもしれない。

次に、彼の激しい坊主憎悪といわば一種共産主義的な革命的綱領はいったいどこから生まれてきたのだろうか？　これは当時の教会改革派の流れからある程度理解できる。フス派、特にその中の過激派であるタボル派をはじめ、他にワルド派、托鉢修道会、男子ベギン会、ロラード派の様々な思想がベーハイムの説教の中で渾然一体となったと見ることもできる。だとするとベーハイムはそれらの当時の最先端思想を摂取し、それを熱狂的な説教に表現できる希有な才能の人物ということになる。しかし、たかが牧童にして太鼓叩きにそんなことができ得るだろうか？　ここはどうしてもベーハイムを陰で操っていた人物の存在を疑ってみたくなるところである。

史家ウィル－エーリッッヒ・ポイケルトは様々な史料をもとに太鼓叩きベーハイムの背後にいる黒幕の人物像を推理している。以下、このポイケルトの論考『ニクラスハウゼンの太鼓叩き』によって話を進める。『エアフルト年代記』の作者コンラート・ゾルテは太鼓叩きベーハイムを陰で操っていた人物を巡礼教会関係者、しかもそのものずばり教会の司祭だと述べている。そして司祭の狙いは何といっても金儲けであった、と決めつけている。

確かにうまい作戦であった。おかげで教会は丸儲けで金銀財宝がうなった。それに司祭ならば、無知蒙昧だがどことなく人がよく、夢見がちで、情熱的で信仰深い若者を手玉に取ることなど造作もなかったことだろう。夜の荒野で牧童に聖母マリアの幻を見させるのも一寸した演出を施せば難なく行えるというものである。世は聖母マリアがフランスの片田舎の牧童女ジャンヌ・ダルクにもそのお姿を顕《あらわ》すという、神秘主義的色彩の濃い世紀であったのだ。

しかし、それにしてはベーハイムの説教の内容が少し行きすぎている。このため教会はお取り潰しの憂き目にあい、おまけにせっかく貯め込んだ金銀財宝もマインツ大司教、ヴュルツブルク司教、ヴェルトハイム伯爵ら三人のお偉方に奪われ、司祭は元も子もなくしてしまっているのだ。それどころか司祭はベーハイムの処刑後、自身が逮捕監禁されているのである。司祭の狙いが単に金儲けのためだけであったならば彼はベーハイムの説教にもう少し手加減を加えてしかるべきであったろう。そこで、司祭の他に托鉢修道会士のような熱烈な教会改革者がいて、司祭はそれに引きずられてしまったと想像してもよいだろう。

だが、事件の黒幕はこれら教会関係者だけに絞ってよいのだろうか？

ところで、このニクラスハウゼンでの巡礼突発事件に関する同時代の史料は『エアフルト年代記』に限らない。事件処理にあたったマインツ大司教、ヴュルツブルク司教の手紙、周辺都市から派遣された密偵たちの市参事会への報告書等々といくらもある。そんな史料の中にクンツ・フォン・トゥルンフェルトという人物の弁明書がある。エンゲルスの『ドイツ農民戦争』によればこの人物は騎士であり、預言者ベーハイム奪回のためにヴュルツブルク城に押しかけた一万六千の民衆を指導した四人の指導者の一人である。これに関しては多くの史料でも異同がない。

次に多くの史料で共通しているのは何といってもベーハイムの説教の内容である。とはすなわち、この説教内容とクンツ・フォン・トゥルンフェルトという人物を軸に事件を追うと話が少しは見えてくるというわけである。ベーハイムの説教にはこの事件の起きた十五世紀を境とする古い側面と新しいそれとが微妙に混在している。

ベーハイムは言う。

山の幸、川の幸は神が恵み給うた万民の財産である。少なくとも昔はだれでも近くの山で薪を拾い、野原で家畜を放牧し、川で魚を捕ることができた。それが今では金を払わなければ御法度となる。とんでもない！

これはゲルマン法で言う「古き法」、つまりは慣習上の権利に基づいて認められていた特定の山林や原野、川、湖での自由採取権（入会権）剝奪に対する農民側の怨嗟《えんさ》の声である。農民にとって古き法とは先祖から受け継いできた世界秩序であり、王や諸侯もこれに手をつけてはならない国家の上位に立つ法であった。しかし諸侯は統一的領邦国家建設を目指し、古き法に代わる新しき法の導入を図っている。それはローマ法に基づいて領邦国家内すべての地域で同一の法を施行することであり、この過程で古き法は踏みにじられ、農民たちは塗炭の苦しみに追いやられるのである。そして農民の疲弊は領邦国家内の騎士をはじめとする小領主階層の没落をも招き、諸侯は権力を独占していくという構図を取ることになる。

やがて時がたつに連れ、この古き法の擁護を叫ぶだけでは埒が明かないことを知らされた農民たちは、抵抗の源を「神の法」に求める。すなわち、聖書である。福音書に書かれていない支配関係は認められない！　と主張するのだ。これは聖書にまったく背理した生活を送る坊主階級への激しい憎悪を呼ぶ。同時にその抵抗は古き法を巡る戦いと違い、特定の地域、特定の領邦国家を越えて全ドイツに広がる。ニクラスハウゼンへの巡礼者があれほど広範な地域からやってきたこともそのためであろう（エンゲルス『ドイツ農民戦争』参照）。

ところで、ベーハイムは次のようにも説教している。

聖職諸侯、世俗諸侯、伯爵、騎士たちは有り余る富を持っているのに、領民は彼らになおも税を払わなければならない。これは皇帝が諸侯、伯爵、騎士たちに徴税権を付与しているからに他ならない。このことを是正しようとしない皇帝は教皇と同じく悪人である。憐れむべきかな、汝、領民たちよ！

皇帝批判！　これは農民のよくなしうるところではない。農民は古き法への執着からもわかるように基本的には家父長制の中に生きている。そして君主制の根元はこの家父長制にある。農民は皇帝（王）のいない世界秩序など考えられないのである。ベーハイムの説教のこの部分は片田舎の牧童の口をついて出る言葉にしてはすこぶる非農民的なのだ。ここでこの説教の焦点は古き法、神の法を巡る戦いとは別の次元に移っている。

つまり、この時代にこのような皇帝批判をなしうるのは勃興著しい都市と皇帝に切り捨てられようとしている騎士階級だということである。この頃、都市は諸侯の金蔵となっていた。諸侯は次々と税を押しつけてくる。そして諸侯の一人でもある皇帝自身がその先陣を切っているのだ。しかし、しだいに力をつけてきた都市は自らの莫大な富を狙い撃ちしたこの課税に猛反発する。

一方、騎士ら小領主階層はますます激しさを増す諸侯の攻勢の前になす術もなく次々と特権をむしり取られていく。彼らの口から洩れるのはこのような諸侯の専横を許す皇帝に対する怨み節であった。

牧童にして太鼓叩きベーハイムの説教には都市と小領主階層の不満が混ざり込んでいる。さらに言えば太鼓叩きに過ぎないベーハイムはこの部分を「憐れむべきかな、汝、領民たちよ！」と結んでいる。けっして農民の言葉ではない。都市民の言葉でもない。これはどこの馬の骨ともしれぬ一人の若者の熱狂的言辞に心揺さぶられ、自分たちの惨めな境遇に目覚め、救いを求めにドイツ全土から大挙してやってきた巡礼たちと同じ階層にあり、同じ視線を持った人間の言葉ではけっしてない。語るに落ちたと言うべきだろう。

つまり、この言葉によって扇動的預言者ベーハイムを背後で操るもう一つの人物像がくっきりと見えてくるのだ。ベーハイムの黒幕は巡礼教会の司祭や激烈な教会改革者である托鉢修道会士の他にもいたのだ。おそらくは司祭や托鉢修道会士とよしみを通じた人物だろう。

それはだれか？　最近の農村の現状に通じている者。領邦国家形成の過程でますます貧窮化していく農民層に巻き込まれるようにして自らも没落していくことに強い危機感を抱いている者。高位聖職者の特権システムのおこぼれに与ることができない田舎司祭とともに身の不遇をかこつ者。都市との行き来を自由にできる者。少なくともそのころの様々な政治的パンフレット、特に一四三九年に作者不明のまま広範囲に流布された聖俗諸侯弾劾と農奴制廃止を訴えているパンフ『皇帝ジギスムントの改革』を読むことができる程度の教養がある者。そしてそれが習性のため、民衆に向かってつい「汝、領民たちよ！」と言ってしまう階層にいる者。

すなわち、当時、没落の道を歩んでいた田舎の騎士階級の者である。

お人好しの生贄

預言者ベーハイム奪還のためにヴュルツブルク城に押しかけた約一万六千の民衆を率いた四人の指導者とは多くの史料によれば、クンツ・フォン・トゥルンフェルト、そしてシュテッテンの二人の小領主と、フェステンベルクの小領主となっている。いずれもヴュルツブルク司教座聖堂参事会より所領安堵を受けている豆粒領主であった。つまりはヴュルツブルク司教の家臣である。だとすれば彼らの行為は主君に弓引く叛逆の罪にあたることになる。

史料はベーハイムの焚刑と二人の農民の斬首刑について語っている。さらにはニクラスハウゼンの司祭と托鉢修道会士の逮捕監禁についても報告している。もっともこの場合、彼らがその後、どんな処分を受けたかについての記録は残っていない。

さて、四人の叛徒である。実は彼らがどうなったかはわからない。どの史料も彼らの運命については口を噤《つぐ》んでいるのだ。

ただ、クンツ・フォン・トゥルンフェルトに関しては若干のことがわかっている。まず彼自身の事件に対する弁明書が残っている。それによると、自分は聖マルガレーテの日、ニクラスハウゼンを訪れた、巡礼教会の前はものすごい数の巡礼者に埋め尽くされていた、そのうち自分はヴュルツブルク城に押しかける民衆の指導者に選ばれてしまい、城の前にやってきたのだ、とある。

このたびの騒擾はあくまでも自然発生的に起きたものであり、そこには何ら政治的な陰謀はなかった、と言いたげである。確かに一万六千の民衆はクンツ・フォン・トゥルンフェルトをはじめとする四人の軍事スペシャリストを隊長に選びはしたが、彼ら民衆の預言者ベーハイム奪還運動はいわゆる軍事行動にはほど遠いものであった。彼らは、ヴュルツブルク城の門が自然と開き、預言者が自分たちのところに戻ってくる、という例の聖三位一体のお告げを純粋に信じていた。それゆえ、手にした武器はわずか五百の蠟燭だけであった。城側にとってこれほどたやすく鎮圧できる一揆はなかった。

この民衆の不可解な神秘主義的行為はクンツ・フォン・トゥルンフェルトにとって大きな誤算であった。だが同時にそれは彼の命を救うことにもなる。城側に人的物的損害が少しでもでたならばクンツ・フォン・トゥルンフェルトもただではすまなかったのではなかろうか。

いずれにせよ、クンツ・フォン・トゥルンフェルトはあの程度の弁明書と自身の全財産を司教座聖堂に寄進することで罪一等を減じられている。もちろんそこにはヴュルツブルク司教の思惑が大きく働いていた。

ヴュルツブルク司教にとってこの騒動を、領内に充満する貧窮農民の怨嗟の声、小領主階層の政治的不満、都市の重税に対する怒り等々が一挙に吹き出した一揆として処理するよりは、どこの馬の骨ともわからぬ一人の若者を異端者、魔術者に仕立て上げ、派手な演出を凝らした火炙りの刑で事件の幕を引いたほうがはるかに都合がよかったのである。それが証拠にベーハイムの裁判は裁判手続きもへったくれもない、驚くほどの略式で進められ、即決された。何しろ逮捕からわずか一週間でベーハイムは火炙りにされてしまったのである。それは事を急ぎ、真相を隠蔽するためでしかない。

おそらくは、次のようないきさつであったのだろう。

領邦国家が形成されていく中で農民たちはますます貧窮していく。そのかたわらで坊主階級は我が世の春を歌い背徳の日々を送っている。その親玉が教会領主の司教である。そんな中、坊主ではあるがあまりうだつの上がらない田舎司祭がいる。金に目が眩んだ司祭は一計を案じる。これに教会改革を唱える托鉢修道会士が嚙《か》んでくる。さらに日頃、屈託を抱え、鬱《うつ》として楽しまないインテリ騎士が絡む。さて、世は挙げて巡礼ブームにある。十五世紀は過酷な現実から逃れ、救いと奇跡を待ちこがれる神秘主義的雰囲気が立ちこめていた。そこである若者を預言者に仕立て上げる。それも思いっきりみすぼらしい若者をである。多少、愚か者ならば言うことはない。格好の人物が見つかった。そいつの口を借りて民衆を煽《あお》りに

集団で行われる焚刑（火炙りの刑）の様子。背景には巨大な絞首台が見える。

煽る。教会に警告を発し、農民もろとも小領主階層を追い詰め諸侯を慌《あわ》てさせる、おまけに金も手に入る。図に当たる。いや、当たりすぎた。なぜなら、民衆がこのお人好しの若者の説教に熱狂せざるを得ない現実が黒々と地べたを覆っていたからである。諸侯でもある大司教、司教はその現実を隠蔽するために若者を異端者、魔術者と告発する。司教たちは巡礼突発事件は悪魔の仕業であると世に知らせ、そしてその悪魔を灰の痕跡に至るまで完璧に消し去ったという一事をもって、自分たちの宗教的権威と諸侯としての世俗権力の正統性を再構築しようとした。

こうして、どこの馬の骨ともしれぬ若者はどうあっても異端者として火炙りの刑に処せられなければならなかったのである。

しかし、これではベーハイムは浮かばれない。自分が引き起こしたと見なされる巡礼突発事件が約半世紀後に起こる大「ドイツ農民戦争」の源となったという歴史的評価などは処刑台でいま現在、火に焼かれているお人好しの愚か者にとってはまったく何の関係もないことである。しかもその言うところの大「ドイツ農民戦争」も、結局は領邦国家の形成を一層促進させ、諸侯の権力独占を許し、農民はさらに隷属化されてしまうことになる。それだけではない。農民たちは大いに当てにしていた教会改革のチャンピオン、ルターにさえも見放され、軍人たちよ、あの不逞の農民どもを安んじて、殺せ、焼き尽くせ、奪い尽くせ、と吠えられたのである。

まさしく、「憐れむべきかな、汝、領民たちよ！」であった。

牧童にして太鼓叩きハンス・ベーハイムは自分の焚刑の意味がまったくわからないうちに火に焼かれた。これまで彼は多くのことを語ってきた。しかしそれらは彼の言葉ではなかった。彼の口は単なる拡声器に過ぎなかった。そしてこのお人好しな愚か者は操り人形としてさんざん利用され、あげくに処刑台に立たされた。このとき彼は荒野で聖母マリアの幻を見たその瞬間より長く長く続いた白日夢からようやく目を醒まし、自分を取り戻したのである。火に焼かれながら彼が叫んだ言葉、

痛い！　熱い！　苦しい！

これは間違いなく彼自身の言葉であった。哀しい話である。

第2章…叩き上げ傭兵隊長の物語

一本気と無邪気さで首を落とした

15世紀に描かれた斬首の刑罰

一六世紀中葉、神聖ローマ帝国（ドイツ王国）の皇帝独裁体制を確立せんともがいていたカール五世は帝国内の「不埒な連中」に腹を立てていた。金のためとあらば、敵国フランスの軍旗の下にも平気で馳せ参じる傭兵《ようへい》隊長どものことである。とりわけ卑賤の身から叩き上げた奴ほどフランス王に尻尾を振りたがる。こ奴には皇帝の霊威が通じない。そもそも帝国への忠誠心などかけらもないのだ。カール五世は決意した。皇帝の威厳を奴の身体にたっぷりと思い知らせてやる！　あわせてこの公開処刑で帝国諸侯を震え上がらせてやる！　と……。

「武士の鏡」を打ち割ると

芭蕉《ばしょう》の門人で近江・膳所藩《ぜぜはん》の中老職を務めた菅沼曲翠《すがぬまきょくすい》（一六五九〜一七一七）という人物がいる。太平の時代には珍しく鋭く謹直で、倫理観の塊《かたまり》のような武士であった。芭蕉は曲翠のそんな人柄を愛し、二人の親密さは多数の「芭蕉書簡」によってもそれと知れる。そしてその師弟愛は芭蕉の「行く春を近江の人と惜しみける」の句にも垣間見ることができる。芭蕉は元禄三年（一六九〇）、『奥の細道』旅行の疲れを癒《いや》すために琵琶湖の南岸、石山の山中にある幻住庵《げんじゅうあん》に入庵したが、この家は曲翠の伯父の持ち家で、曲翠がそれを修繕し師・芭蕉に提供したものであった。ところで芭蕉は『幻住庵記』の中で弟子・曲翠を「勇士」と評している。わび・さびの俳諧の道におよそふさわしからぬこの評語は芭蕉没後、曲翠の身に悲運となって顕《あらわ》れた（司馬遼太郎『街道をゆく』参照）。

曲翠の主君である膳所藩主・本多康命は用人・曾我権太夫《そがごんだゆう》の甘言だけを聞き入れる暗君で、権太夫は藩政を壟断《ろうだん》していた。だれも権太夫の権勢には逆らえず、そのたび重なる私曲にも口を噤《つぐ》んでいた。しかしひとり曲翠だけは直言する。

おもふ事だまって居るか蟾《ひきがえる》

曲翠の句である。この句のように彼は直言・諫言《かんげん》をするがいっこうに埒が明かず、彼はついに決意した。享保二年（一七一七）、このままでは御家が潰れると、曲翠は君側の奸《かん》・曾我権太夫を殺害し、自刃して果てた。遺書には私怨とある。公憤とすれば主君・本多康命にも傷がつくことを恐れてのことである。しかし寵臣を殺された本多康命の怒りは収まらず、曲翠の長子・菅沼内記《ないき》は切腹を命じられ、菅沼家の家禄は没収された。夫とともに蕉門であった曲翠夫人は髪を下ろし、破鏡尼《はきょうに》と称し余生を隠れて過ごした。

さて、この事件の起きた享保年間となると幕藩体制の安定化、とはすなわち、社会の固定化は極端に進み、儀礼三百威儀三千が武士の生活様式を支配していた。武士たちは家産《かさん》官僚となり、「諸人這《は》ひ廻《まは》りおち畏《おそ》れ、御尤《ごもっと》もとばかり申す」（『葉隠』）と卑屈な役人根性に全身染め上げられていた。この「何事も我が身大事」は牢固な武家社会に対する武士の側からのきわめてリアリスティックな対応であった、と言える。武士たちの間にこんな事なかれ主義が蔓延していた享保年間に菅沼曲翠事件が起きたのである。

この事件を仮に次のように解釈することもできるだろう。

それは曲翠の裡《うち》に潜んでいたまったく非合理的な情念の噴出であった。そしてその情念は曲翠にとって自分が武士であることの証であった。思えば武士とはもっぱら殺生を事とする戦闘者であった。かつて武士たちはつねに生死ぎりぎりの非日常性の中で培われた非合理的な情念に従い生きてきたのだ。曲翠事件と同じ享保年間、佐賀藩士・山本常朝は太平の世に行き場を失ってしまった武士のこの非合理的情念を「お家」と「主君」への絶対的忠誠心に転化させ、「弓矢取る身の習い」である武士道を説いている（『葉隠』）。武家社会の主従関係の中に定着していった「君、君たらずとも、臣、臣たらざるべからず」という言葉もまた非合理の極致にある。そしてその非合理を停滞に沈ませるのではなく、ダイナミックな行動のバネとしたのが菅沼曲翠であった。つまり、この言葉は何もいかなる暴君にも唯々諾々とその命に従えと言っているのではない。「臣、臣たらざるべからず」という「至上命題は一定の社会的文脈のもとでは、無限の忠誠行動によって、君を真の君にしてゆく不断のプロセスとしても発現する可能性を包蔵する」（丸山真男『忠誠と反逆』）のである。かくして曲翠は「三諫して聴かれざればその国を去る」といった消極的態度を棄て、あくまでも「お家」のために諫争し続け、ついに諫死したのである。

曲翠がまさに忠義の人、武士の鏡と賞され、史書に残ったのはおおむねこの解釈によるのだろう。しかし、はたしてこのような後講釈を曲翠は喜ぶだろうか？　芭蕉の言う「勇士」とは「お家」のためにここまで徹底して個我を棄てる士のことを言うのだろうか？　曲翠が己を虚しくしての決起の結果が長子・内記の切腹と妻の薙髪《ていはつ》であることを知る我々にとっては曲翠の死はやはり大損に思えて仕方がない。「おもふ事だまって居るか蟾」の起こした刃《にん》傷《じょう》事件は純粋に不正を許すことができない「蟾」のあくまでも特殊個人的性癖から発したものであり、そこには「お家」のための没我的忠誠心は介在していない、と見るほうが今を生きる我々にとってはよっぽど救いがある。そして同時に「這ひ廻りおぢ畏れ、御尤もとばかり申す」諸人を大量生産しながら、その一方では、ひょっとしたらまったくの個人的正義感の発露であったかもしれない刃傷事件をも、家臣の主君への絶対帰依の観念にいびつに昇華してしまう江戸幕藩体制のすさまじさに思わず辟易としてしまう。さらには日本の封建的主従関係はつくづく特殊なものであると改めて思い知らされるのである。

戦場を市場に変えた「雇われ兵士」の誕生

さて、曲翠の句に惹《ひ》かれ、ここまで長々と枕を振ることになってしまったが、本章の本題はもちろんこの曲翠事件ではない。本題はヨーロッパ中世末期の「おもふ事だまって居るか蟾」事件である。

一五四八年二月七日、神聖ローマ皇帝カール五世は一人の軍人を処刑した。その処刑されたヨーロッパの一匹の「蟾」には「主君」「お家」「国家」への絶対的忠誠心など微塵もなかった。彼にあったのは「何でこの俺だけがこんな目にあわなければならないのか！」という思いだけであった。そしてこうなれば「おもふ事だまって居るか」と「蟾」は公開処刑の見物人の前で吠えに吠えたのである。それはヨーロッパ風個我の発露であり、ヨーロッパの、しかも天下太平の江戸中・後期の武士とは違って現役バリバリの「弓矢取る身」の生き様をはっきりと示す叫びであった。

左は戦地に赴く傭兵の姿。右は彼に従う酒保の女（娼婦）。

ヨーロッパ中世末期の「弓矢取る身」には主君に対する忠誠心はかけらもなかった。そもそも彼らには主君なぞいなかったのだ。いるのはいつも金を出し惜しむしみったれた雇い主だけであった。つまり当時の「弓矢取る身」とはほとんどが傭兵《ようへい》であったのである。しかもそれは黒澤明の『七人の侍』のような個人の力量を買われての用心棒ではなく、まさしく軍隊組織としての傭兵であった。

こうした軍としての傭兵は正規軍解体の後を受けて発生する。古代ギリシャの市民軍解体、さらには帝政ローマ時代の市民的帝国軍解体のときと同じように中世末期も封建正規軍が解体し大量の傭兵が生まれたのである。ところで正規軍の解体とはすなわち社会のパラダイムの崩壊であった。ヨーロッパ中世から近世の転換期においても、かつて封建正規軍の中核を担っていた騎士階級の没落によって王侯と騎士との麗しい主従関係そのものが崩壊してしまったのである。一騎打ちという戦いの美学をとことんまで追い求め、自らの立ち居ふるまい、礼儀作法、生活様式を典礼の美に高めた軍人である騎士は酷薄な時の流れに粉微塵に打ち砕かれ、歴史という虚空に追いやられてしまったのだ。

それゆえ当時の「弓矢取る身」とは皇帝、帝国諸侯、帝国都市、イタリア都市国家、フランス王、スペイン王、イギリス王らの雇い主との契約によって自ら兵を募集し、それを少しでも高く売りつける傭兵隊長とその幕僚である中隊長、憲兵隊長、旗手ら将校クラスの軍人のことを言うのだ。

以後、ドイツ傭兵部隊に限って話を進めることにする。

中世盛期では戦争は個人の名誉をかけて一騎打ちする重装騎士どうしの戦いの足し算によってその勝敗が決まった。それが中世後期になると勝敗の帰趨《きすう》は密集方陣を組む大量の歩兵部隊が握ることになる。しかしそのような大量の歩兵部隊を常備軍として抱えておく資金的余裕はどの王侯にもなかった。勢いその場限りの傭兵に頼らざるを得なくなる。

こうしてできあがったヨーロッパ傭兵市場での目玉商品といえばスイス傭兵部隊であった。そのスイス傭兵部隊を手本として十五世紀頃に、ドイツ南部の都市下層階級と農民層を核としたドイツ傭兵部隊が生まれた。称してランツクネヒトという。このドイツ傭兵部隊《ランツクネヒト》を指揮する連隊長（つまり傭兵隊長）や中隊長、憲兵隊長、旗手の将校クラスはほとんどが立身出世と権力を渇望する没落騎士貴族からの転身組によって占められていた。やはり騎士は何といっても軍事の専門家であったからである。だが中には下層階級の出で、一兵卒を振り出しに中隊長、連隊長にまで上り詰めた者もいないではなかった。本章の主人公・セバスチャン・フォーゲルスベルガーもまさにこんな叩き上げの一人であった。

器用がもたらした出世

セバスチャン・フォーゲルスベルガー。

素性はよくわからない。一応はドイツ南西部の小村アルツハイムで小農の息子として一五〇五年に生まれたことになっているが、親兄弟は未詳である。ちなみに生地アルツハイム村はドイツ三十年戦争（一六一八〜四八年）の戦禍で消滅し、現代の地図には載っていない。要するにまったくの下層階級の出であるということだ。しかしフォーゲルスベルガーは生涯この自分の出自を恥じることはなかった。むしろ、生まれながらの特権がすべてを支配する厳しい身分社会の中、まったくの独力でのし上がり名を挙げたことに誇りを持っていた。そして常日頃、「私は下層身分の誠実なよき仲間である」と公言していたという。

当時、掛け値なしの庶民が出世する針の穴のような細い道は『赤と黒』、すなわち僧侶か軍人の道しかなかった。ある伝記によるとフォーゲルスベルガーは初めイタリアで教師をしていたという。これも中世によく見られる諸国を遍歴する放浪教師の身分であったのかどうか、そのへんはよくわからない。一五二九年、シュトラースブルクでイタリア語、フランス語の教師の職を求めたが、うまくいかず教師稼業からすっぱり足を洗った。これを見るとどうやら少なくともフランス語は自由に操れたらしい。このことが後に彼の行動半径を広げ、やがて「ドイツ系フランス人」と揶揄《やゆ》された遠因の一つとなったのかもしれない。

フォーゲルスベルガーは教師を辞めて軍人になった。最初に身を投じたドイツ傭兵部隊（以下ランツクネヒト部隊と記す）の連隊長はバール伯爵ヴィルヘルム・フォン・フュルステンベルクである。伯はその軍事的才能と堂々たる容姿で知られた当時名うての傭兵隊長であった。とりわけその猛々しい風貌は、軍神マルスを描きたい画家は彼をモデルにするとよい、と言われたほどである。しかし、外見の豪放磊落《らいらく》は小心の裏返しでもあった。伯爵はこの内と外との激しい矛盾に引き裂かれやがて精神が闇に包まれてしまう、一種、奇矯《ききょう》な連隊長であった。このフュルステンベルク伯との知己《ちき》がフォーゲルスベルガーの出世の糸口となり、同時に悲劇の原因となる。

フォーゲルスベルガーがフュルステンベルク伯の連隊に入ったのは伯が六千のランツクネヒト部隊を率いてフランス王フランソワ一世の軍務に就いていたときである。神聖ローマ帝国（ドイツ王国）のれっきとした伯爵がフランス王麾下《きか》で戦うからといって別に驚いてはいけない。確かにドイツ貴族は皇帝より封土を受けた皇帝の家臣である。そこで皇帝への臣従義務が生まれる。そしてその義務とは軍役であり、しかも出陣日数も年何日と決められている。したがってドイツ貴族がこのような臣従義務さえ果たせば、あとは外国の軍務に就こうが特に目くじらを立てないというのが当時の実状であった。

もちろん、帝国と、より正確に言えば皇帝カール五世のハプスブルク家と交戦状態にある外国の陣営に入るのはいくら何でも問題となる。しかしそれも、当時、皇帝カール五世はプロテスタント諸侯との対立、フランス、トルコとの戦争と内憂外患に手いっぱいでほとんど目こぼし状態であった。カール五世がこうした「不埒な連中」の取り締まりにやっと乗り出すことができたのはフランスとの講和がなり、国内のプロテスタント諸侯を破ったシュマルカルデン戦争後のことである。そして後述するようにフォーゲルスベルガーがその生贄第一号となったのである。

ともあれ、連隊長フュルステンベルクはフォーゲルスベルガーに目をかけた。確かにこの新参者は有能であった。特に伯は彼のフランス語の堪能さに目を付ける。伯自身もフランス宮廷であいつは本当にドイツ人かとささやかれたほど流暢《りゅうちょう》にこの国の言葉をしゃべることができたという。ちなみに、ドイツ貴族にとってフランス語習得が必須アイテムとなるのはずっと先のことである。

ともあれ、伯はフォーゲルスベルガーを自分が率いるフランス軍・ランツクネヒト部隊の憲兵隊長に抜擢《ばってき》したのである。彼はこの大役を実にそつなくこなした。すると伯はわずか六カ月後、今度は彼に二中隊を預ける。これまた期待以上の手腕を見せ、フォーゲルスベルガーは伯爵の雇い主であるフランス軍上層部の目にも止まるのである。フランス軍元帥モンモランシーは国王に奏上した。おそらくは「陛下、フォーゲルスベルガーという男はなかなかの者です。ひょっとしたらあのちょっと矯激に過ぎるフュルステンベルクなどよりはよっぽど使えますぞ」とか何とか言ったのだろう。フランス王はフォーゲルスベルガーに募兵特許状を交付する。

死に至る導火線

皇帝、フランス王らのヨーロッパ割拠勢力が戦争の政治的決断を下すと、各地の傭兵隊長

（連隊長）に募兵特許状を交付する。傭兵隊長はそれを受けてただちに手下の募兵係に募兵を命じる。募兵特許状は雇い主と傭兵隊長との間で給料、期間などの条件を事細かに定めた契約書でもあった。この募兵特許状が交付されるということはすなわち傭兵隊長として認知されたということである。フランス王はフォーゲルスベルガーにフュルステンベルク伯爵のもとを離れ、一本立ちをすることを勧めたわけである。異例の出世である。むろん、フォーゲルスベルガーはつねに主にならずに従を心がけるような人物では毛頭ない。叩き上げにはそんな殊勝な奴はいない。絶えず権力に飢えているものだ。彼は欣喜雀躍《きんきじやくやく》してフランス王の募兵特許状を受け、ドイツ南西部で必死の募兵活動をし、その結果、十七中隊六千の兵をフランス王に差し出した。王はいたく喜び、彼に感状まで与えている。おまけに彼は閲兵のとき兵士たちから「セバスチャン伯爵」と呼ばれたのだ。まさに堂々たる傭兵隊長である。これが一五三七年のことであった。

　さあ、面白くないのは有能な部下に独立されたフュルステンベルク伯爵である。自分が目をかけていた部下が突然、ライバルとなったのである。それどころか、一五三八年フランス王はフォーゲルスベルガーに一中隊四百、計十二中隊四千八百の兵の募兵特許状を交付しているのに、自分には計十中隊の募兵でよいと言ってきたのである。このままでは部下たちに示しがつかない。フランス王がそうならば皇帝、帝国諸侯もこれに倣《なら》い、そのうち大部隊の募兵は奴に任せるようになるだろう。何て事だ、この俺様があのどこの馬の骨ともしれない奴に遅れをとるとは！

伯爵は貴族の自尊心をずたずたにされた。嫉妬の虫が伯爵の魂を喰い破った。伯爵は傭兵隊長の顧客である皇帝、帝国諸侯、帝国都市にフォーゲルスベルガーの悪口を猛烈に吹き込んだ。そしてそれだけでは足りずと、フォーゲルスベルガー告発文をフランス語でしたためフランス王に提出したのである。告発文といっても、やれあの男は恩知らずだとか、やれ、兵士に粗悪なパンを売って搾り取る阿漕《あこぎ》なパン屋に過ぎない、あのような男を雇うのはフランスの損失だとか、まったく体をなしていない代物であった。それでも伯爵は執拗であった。この告発文なるものをフランス王だけではなく王太子、オルレアン公、さらにはフランス軍元帥モンモランシーにまで送りつけるという念の入れようであった。さすがにフランス当局はあきれかえり、同時に腹を立て、フランス王は一五三九年十月二十三日付けでフォーゲルスベルガーに宛てて「いかなる卿への弾劾があろうとも、朕《ちん》はそれを信ぜず、卿に満幅の信頼を寄せるものなり」と宸筆《しんぴつ》をしたためている。

しかし、それでもフュルステンベルク伯爵は諦めなかった。フランスが駄目ならドイツ本国がある、とフォーゲルスベルガー追い落としの手を緩めようとはしなかったのだ。またしてもその手段は紙爆弾であった。伯爵はどう見ても怪文書としか思えない弾劾文を大量に印刷しドイツ全土にまき散らしたのである。ここらへんはいかにもヨーロッパらしいところだ。何しろ書かれた言葉である聖書がすべての規範となる文化だから何でも文書にしたがるのだろう。そしてこの文書主義の傾向はグーテンベルクの印刷術の発明により拍車がかけられ傭兵隊長クラスまで広まっていたのだろう。しかし、それにしてもこうした文書作戦が採られたこと、さらには内容はともかくその文書にはラテン語の表現がちりばめられていたことから見ると、当時の軍人たちは思いのほか教養があったのだ、とつい感心してしまう。いずれにしても、おかげでドイツは「弓矢取る身」の者がその弓矢の代わりに「インクと羽ペンと紙とで互いに戦うという滅多に見られぬ光景を見物することができたのである」（フリードソン・ゾレダー『連隊長セバスチャン・フォーゲルスベルガー』）。

フォーゲルスベルガーももう黙ってはいられなくなった。彼もやはり文書で応酬を始めたのである。彼も伯爵と同じように弁明書をドイツの帝国諸侯に配布した。そしてついには伯爵を名誉毀損として帝室裁判所に訴えたのである。平民上がりの一介の傭兵隊長が伯爵を名誉毀損罪で告訴する！　これは伯爵という高貴な身分全体に対する侮辱であると、フュルステンベルクの伯爵仲間が入れ替わり立ち替わり、弁護のために法廷に立つが、何しろフュルステンベルクのばらまいた弾劾書がお粗末きわまりない代物であったので、そのせっかくの名弁論もしまいにはしどろもどろになり傍聴人の失笑を買うばかりであった。結果は火を見るより明らかであった。帝室裁判所は十九カ月で十六回の審理という異例のスピード審理の末、フュルステンベルクに五〇〇ライン・グルデンの罰金刑を科し、裁判はフォーゲルスベルガーの勝利に終わった。これが一五四三年一月のことである。

この愚にもつかない裁判の後、フォーゲルスベルガーは前にも増して傭兵隊長稼業に精を出した。雇い主は相変わらずフランス王が主で、ドイツではプファルツ選帝侯が第一のお得意様になった。プファルツ選帝侯家といえば神聖ローマ帝国では徳川幕府の御三家、御三卿のような家柄であるが、この当時は同時に皇帝ハプスブルク家と鋭く対立していたプロテスタント諸侯の親玉的存在である。そして、他にも傭兵隊長フォーゲルスベルガーの顧客名簿にはプロテスタント諸侯がずらっと並んでいる。要するに商売相手に著しく偏りが見られたのである。戦争企業家（傭兵隊長）としては皇帝家に対する配慮が少し足りなかったと言っていいだろう。おまけに彼の論敵フュルステンベルク伯は帝国侍従長の子息で、昔から皇帝カール五世とその弟であるローマ王（帝位継承者の称号）フェルディナント一世とは昵懇《じっこん》の間柄であった。

一五四七年、皇帝カール五世は即位以来初めて強大な権力をその手に握った。宿敵フランス王フランソワ一世の死去。そしてシュマルカルデン戦争の大勝利。敗れた帝国内のプロテスタント諸侯は皇帝にひれ伏し、カール五世は十世紀より続く神聖ローマ帝国史上初の皇帝独裁体制を樹立するかのように見えたのである。

時の勢いに乗って皇帝はアウクスブルクに帝国議会を召集した。この「甲冑《かっちゅう》に鎧《よろ》われた帝国議会」でその圧倒的武力を背景に皇帝はルター派を異端とする「インテリウム（仮協定）」受諾を帝国諸侯、帝国都市に迫った。否も応もない。呑まなければ破滅するしかないのだ。帝国諸侯、帝国都市は次々に「インテリウム」を受諾した。しかし、プロテスタント陣営から「神の事務局」と謳われたプロテスタントの牙城マクデブルク市（ドイツ北部）だけはこれを断固拒否したのである。皇帝はすかさず同市を包囲した。

このときである。傭兵隊長フォーゲルスベルガーがフランスの新王アンリ二世の募兵特許状を手にしてルター派の金城湯地ザクセン地方を中心に十中隊の募兵を行い、そのランツクネヒト部隊をフランスに引き連れたのである。皇帝はアンリ二世の真意が計りかねた。ひょっとしたらフランス軍は皇帝軍の留守を狙って、南ドイツを襲うのではないか、と皇帝はマクデブルク市の包囲を解かせ、南ドイツに引き返させた。するとフォーゲルスベルガーもランツクネヒト部隊を解散し、本拠地の帝国都市ヴァイセンブルクにのこのこと戻ってきた。

しかし、それにしても、いくら昔からの顧客の注文だからといって、よりによってこの時期に皇帝家の天敵でもあるフランス王国のために十中隊のランツクネヒト部隊を手配するとはいかにも政治音痴としか言いようがない。戦争商売には政治的センスが鋭く要求される。その点、フォーゲルスベルガーは無邪気に過ぎたと言えよう。

こじつけられた罪と罰

一五四七年十月三十一日、皇帝カール五世は「甲冑に鎧われた帝国議会」の開催地アウクスブルクからセバスチャン・フォーゲルスベルガーの捕縛を命じる勅書を発した。

カール五世は業を煮やしたのだ。

ドイツ傭兵部隊・ランツクネヒトは金のためならどんなところにでもとヨーロッパ各地に出稼ぎに出向いている。彼らはその際、雇い主が帝国に敵対していてもそんなことはいっこうに気にしない。そのためランツクネヒト部隊どうしが敵味方に分かれて戦うのは希ではなく、むしろ常態になっている。ヨーロッパ各国、とりわけフランスは「ドイツ人の血と肉ほど安いものはない」とほくそえみランツクネヒトを大量に雇い入れている。これを何とかせねばならない！　それには傭兵隊長とフランスによしみを通じている一部帝国諸侯を締め上げなければならない！　今ならできる！　否、今こそおいてない！

かくして、カール五世は敵に通ずる「不埒な連中」の粛清に乗り出す。一方、シェルトリン・フォン・ブルテンバッハらフランスと縁の深い傭兵隊長の大立者は皇帝のこんな気配を察してさっさと身を隠した。ところがフォーゲルスベルガーは暢気《のんき》に帝国都市ヴァイセンブルクでほとんど無防備のまま過ごしている。

彼の逮捕は簡単であった。追捕使を命じられた皇帝派の傭兵隊長ラツァルス・フォン・シュヴェンディは奸計を用い、フォーゲルスベルガーをおびき出しまんまと逮捕した。

皇帝がフォーゲルスベルガー逮捕の理由として挙げたのは外国への出稼ぎ傭兵の禁止を犯して敵国フランスと通じたというものであった。これは近世で言う叛国罪である。しかし、逮捕された当のフォーゲルスベルガーは言うまでもなく、帝国諸侯、帝国都市、さらには多

有能な傭兵隊長を死に追いやった神聖ローマ帝国皇帝（ドイツ王）カール5世。

くの傭兵隊長たちも皆、この逮捕理由が何のことだかさっぱりわからず目を丸くした。

国家への反逆は大逆罪と叛国罪の二つのカテゴリーに分けられる。大逆罪は王と王族に危害を加える罪で、いわゆる王殺しである。これはイメージが即座に浮かぶ。一方、叛国罪とは外国に通牒・荷担して国家を裏切る罪である。これがよくわからない。少なくとも中世末期の帝国諸侯とそれに連なる傭兵隊長たちは外国の軍務に就くことがなぜ国家反逆罪を構成するのかぴんとこなかったのだ。

まず、国家とは何か？「ドイツ人の神聖ローマ帝国」である。それではその帝国とは何か？ 皇帝と帝国政府である。だがその皇帝カール五世とは同時にスペイン王カルロス一世ではないか！ 皇帝はブルゴーニュ育ちで母国語はフランス語である。一五三〇年、アウクスブルクでの帝国議会でメランヒトンの起草によるドイツ語の『アウクスブルクの信仰告白』が朗読されている最中、皇帝が居眠りしたのはドイツ語がほとんど理解できなかったからではないか！

次に外国に通じたと言うが、それでは皇帝はどうなのだ！ 皇帝こそ外国の軍隊を帝国に引き入れた張本人ではないか！ 帝国政府軍とはアルバ鉄公が率いるスペイン軍に他ならない。さらに帝国政府を牛耳っているのはスペイン人のグランヴェルである。しかもこの専制的な宰相はアントワーヌ・ペルノー・ド・グランヴェルとその名が示すようにもとはといえばフランス生まれのフランス人ではないか！

フォーゲルスベルガー逮捕に対するブーイングが帝国のあちらこちらで沸き起こった。特に帝国諸侯は「叛国罪」を理由としたこの逮捕劇が皇帝独裁体制確立の一歩であり、やがてそれが自分たちの特権を侵してくることを敏感に感じとったのである。しかし皇帝の軍事力はその頂点にあった。帝国諸侯は裁判の成りゆきを黙って見ているしかなかった。

もちろん有罪であった。

末期の大演説

一五四八年二月七日午前、刑場の警備隊長マギスター・デ・カンポが三十人の銃兵とともにアウクスブルク市の塔から囚人フォーゲルスベルガーを引き出した。そこから皇帝の命により護送隊は迂回路を取った。皇帝は豪商フッガー家の邸で護送されるフォーゲルスベルガーを見おろした。囚人はこの瞬間まで恩赦を信じていたのだろうか、窓辺の皇帝に恭順の姿勢を示している。三中隊の兵士が警備する処刑場に着いた。「甲冑に鎧われた帝国議会」の半年間、多くの者が首をはねられ、生きながら車裂きにされ、締め棒とロープで首を締められ四つ裂きにされた「残虐ショー」の舞台である。

刑場を見おろすまわりの邸の窓には高貴な身分の見物客が多数陣取っている。帝国諸侯はもちろん、帝国議員でもあるアラゴン、ナポリ、ミラノ、シチリアの君主たち。それにフランス、イギリス、ポーランド、ポルトガル、ハンガリー、デンマーク、ノルウェー、ヴェネチア、モスクワ、法王庁の大使たち。さらにはチュニス王まで顔を見せている。フォーゲルスベルガーはなお自分の無実を信じ、その場にいた連隊長コンラート・ベメルベルクに訴えた。

コンラート殿、私は助からないのですか？

駄目だ、セバスチャン！　神の御加護を！

フォーゲルスベルガーはついに覚悟を決めた。肩幅が広くがっちりした体軀で、胸当てまでなびく黒灰色の髭を蓄えた囚人はいかにも軍人らしくすっくと背筋を伸ばし処刑台に登った。静かにまわりを見回す。市役所から選帝侯、諸侯、高位聖職者たちがじっとこちらを見つめている。すると彼はまるで自分の忠実な幕僚と兵士たちの輪の中にいるように、響きわたる声で語り始めた（『連隊長セバスチャン・フォーゲルスベルガー』参照）。

司教猊下よ、いと尊き殿下よ、生まれもよく、志操堅固で、思慮深く一点曇るところなき慈悲深き殿方よ、そして我が友よ！

今日、私は皇帝陛下の命によりこの日を迎えたのであります。

これから死に行く囚人のこのあまりにも落ち着いて堂々とした語り口に恐れおののいた刑場の警備隊長マギスター・デ・カンポは慌《あわ》てて首切り役人にフォーゲルスベルガーの演説をやめさせ、ただちに首をはねるように叫んだ。

しかし処刑台という小さい世界の支配者はあくまでも首切り役人である。王が血統の連続性によって聖ならば、首切り役人もまた同じ理由で賤なのだ。つまり彼は聖なる王がしろしめす世と対極にある賤の世界の全能者なのだ。首切り役人は言った。

フォーゲルスベルガー殿！　私は別に急ぎません。どうぞお気のすむまで語られよ！

この首切り役人の言葉を受けてフォーゲルスベルガーは「おもふ事だまって居るか」と思うさま語り始めたのである。

私は盗みを働いたわけではない、略奪をしたわけでもない、人を殺したのでもない。ただ、過ぐる夏、フランス王のもとに十中隊のランツクネヒトを引き連れていっただけである。ただ、それだけのことである。しかし、今日、私は罪なくして死ななければならない。この十年間というもの、私は皇帝陛下に一度として弓引いたこともないというのに!

続いて彼は特に自分の兵士たちと同輩の傭兵隊長たちに向かって自分を逮捕したラッァルス・フォン・シュヴェンディの卑劣なやり方を激しく詰った。すなわち、シュヴェンディは使いの者をよこし、自分も皇帝陛下の失寵の憂き目にあい、このままでは生きていけない、ともにフランスに逃げよう、ついてはこちらは手元不如意の身、二〇〇クローネン拝借願えないか、と言葉巧みに私を誘いだし、スペイン兵に手渡したのだ。無論、私の二〇〇クローネンは彼の懐に入ったままである。兵士よ、そして同輩の連隊長たちよ、こんな「弓矢取る身」の風上にもおけない奴を連隊長として認めることはけっしてなきように、と。

さらに彼は皇帝の理不尽さをもう一度、そしていっそう激しく訴える。

だれもが私を大急ぎで片づけようとしている。だれ一人として私のところに姿を現さない。せめて私の最期のときには聴罪師一人をよこしてくれるものと私は思っていた。しかしこの願いも無慈悲に退けられたのです。今私は全能の神に私の心を打ち明けたい。死はあらゆる苦痛と欲求と不安と苦悩を連れ去ってくれる。イエス・キリストは聖なる十字架のもと我々の原罪を引き受けてこの世を去られた。私もまた今日、一人のキリスト教徒として私の原罪ゆえに死を受け入れよう！　私はけっして不名誉な罪で死ぬのではない。私はただフランス王の軍務に就いたという理由だけで処刑されるのだ！

フォーゲルスベルガーの長広舌が終わると首切り役人は処刑場の観衆に向かって囚人のために神に祈るよう、叫んだ。皆これに応えた。囚人は感謝し、神に祈りながら跪いた。そして首切り役人に無事、御身の任務を果たされよ、と言った。フォーゲルスベルガーの首が転がる。首切り役人はそれを拾いあげる。時は午前九時を告げた。

命の「元」はとれたのか

この処刑は帝国内に多くの同情を呼んだ。そして『罪なくして首をはねられた連隊長フォーゲルスベルガーの哀しい物語』が語り継がれることになる。しかし、帝国政府はあくまでもフランスの軍務に就いたことこそが許されざる罪なのだとしている。そのため並みいる傭兵隊長たちは自分たちの戦争ビジネスの取引相手を選ぶのに少し慎重になってきた。これこそが皇帝カール五世の狙いであった。

さて、その皇帝よりフォーゲルスベルガー逮捕を命じられたラツァルス・フォン・シュヴエンディはどうなったか？

皇帝を悪し様に非難するわけにはいかないので、世の指弾はフォーゲルスベルガーをだまし打ちにしたかたちのシュヴェンディに集中した。

思えばシュヴェンディは損な役回りであった。もちろん進んで追捕使の役を引き受けたのではない。むしろ何度も断ったのである。しかし皇帝の命令は執拗で、やむを得ず任に当ったのである。

彼はフォーゲルスベルガーの最期の言葉である二〇〇クローネン着服の件に関しては、これはまったくの事実無根であると主張し、その弁明の書を印刷し帝国諸侯に配布した。もともと彼は文書家で多くの軍書を残している。

そのうちもっとも注目すべきものは帝国議会にも採り上げられた『軍制改革建白書』である。これは言ってしまえば帝国全土の防衛意識の確立を訴えたものである。つまりフォーゲルスベルガーの首をはねた「叛国罪《ランックネヒト》」を「叛国罪」として成立せしめる国家意識を前提とした建白書であった。ドイツ傭兵部隊をドイツ防衛軍に組織替えすべきであるというその主張は常備軍としての国家軍隊創設のそれとびっくりするほど近い。その意味でシュヴェンディは当時の傭兵隊長の中では群を抜いて近代的思考の持ち主であったのである。

こう考えると皇帝が彼を追捕使に任命したのもよくわかるような気がする。もっとも皇帝の頭はシュヴェンディほど先を進んではいなかった。皇帝にとってシュヴェンディが言う帝国とはあくまでもハプスブルク家そのものであったのである。それはフォーゲルスベルガーの処刑をぬけぬけと戦争理由の一つに挙げて皇帝に対し新たに戦いを挑んできたフランス王アンリ二世とて同じであった。二人の君主にとって近代的国家意識はほど遠いものであった。しかし、この国家意識はいくつかの例外を除けば君主の権力独占という絶対主義を経てようやく生まれるものでもある。そしてフランスはその道を進んだ。

一方、カール五世の夢見たドイツ・ハプスブルク国家は結局は瓦解する。カール五世の寵臣ザクセン選帝侯モーリッツの裏切りにより皇帝の軍事力集中は失われ、皇帝独裁国家体制は一場の夢と消え、帝国は前にも増して四部五裂していくことになるのである。それでは「叛国罪」で処刑されたフォーゲルスベルガーの死はドイツにとっていったい何だったのだろうか？　一人の政治音痴の傭兵隊長が単に自分の戦争ビジネスに失敗しただけのことだったのか？　だとすれば哀れでもある。

第3章……哀しい官僚の物語

暴君と民衆の生贄にされた

公開で行われた処刑（撲殺刑）風景

「すまじきものは宮仕え」とは天下太平の世の官僚の繰り言である。暴力剝き出しの中世ヨーロッパでの宮仕えはつねに死と隣り合わせであった。むろんこの死の前には凄惨な拷問が待っている。中世末期、ドイツ三百諸侯は君主の権力独占の道をひた走る。そのためには目障りとなる者は容赦なく切り捨てなければならない。そして諸侯の中で己の権力基盤が脆弱《ぜいじゃく》な君主はそれだけかえってひときわ、凶暴となっていく。かくして自らの凶悪なエネルギーを制御する術を失った君主は家臣すべてに牙を向け、まずは第一の功臣を血祭りに上げる……。

見せ物としての刑罰

身体刑は残酷にかつ華々しくなければならない。むろん、見せしめのためである。火炙《ひあぶ》り、絞首台、さらし台、断頭台、鞭《むち》打ち、車裂き……いずれも見せ物としての懲罰である。ヨーロッパでは身体刑が消滅する十九世紀以前、王殺しは言うまでもなく、喧嘩での刃傷沙汰《にんじょうざた》や、こそ泥に至るまで犯罪とはけっして個人的なそれではなく、司法権の、とはすなわち君主権、王権への挑戦であり、ゆゆしき侵害であった。少なくとも処罰する側はそう見ていた。それは君主たちの営む王宮の華やかさとは裏腹に体制そのものは思いのほか脆弱《ぜいじゃく》であったことの証左かもしれない。

しかし、それだからこそこうして侵害された君主権は前にも増していっそう華々しく再興されなければならないのだ。君主権の復権は「君主の荒々しい現存の姿を万人に、犯罪者の『処刑される』身体の上で感じとらせる」ことで達成される。唯一正当な暴力は君主のみがこれを行使し得るのだ、と民衆に見せつけなければならない。かくして、身体刑は公開の処罰儀式となる。そして儀式の中心を担うのは民衆である。民衆は君主に奉仕する義務のために、この君主権の喜ばしき再興の儀式に進んで参加しなければならないのである（フーコー、田村俶訳『監獄の誕生』参照）。

つまり、公開処刑は政治的祝祭であった。祝祭とは君主を小さき神として君主の霊威を大がかりな仕掛けで民衆の視覚に語りかける。「さあ、口を閉じ、目を開き、黙って見るがい い」(シェイクスピア、小田島雄志訳『テンペスト』)と。

しかし、公開の処罰儀式を民衆はただ黙って見ることはしない。この政治ショーへの参加は民衆の義務であると同時に権利でもあったからである。民衆は処刑場までに引き回される罪人にありとあらゆる呪詛《じゅそ》と罵詈《ばり》雑言《ぞうごん》を浴びせ、石を投げ、ときには刑吏から罪人を奪い私刑《リンチ》を加えたりもする。刑場で民衆の無神経とも思えるお祭り気分は最高潮に達する。過酷な刑罰を受ける罪人の断末魔の姿を飽かず眺め快哉を叫ぶことで民衆たちは君主に服従を誓っているのだ。そして儀式は完遂し、君主権は凱歌を挙げる。

ところが、そうはうまく事が運ばないときもある。公開の処罰儀式の参加は民衆の義務であると同時に権利でもあったということは民衆がその権利行使において処罰する側と逆のベクトルを採ることもあり得ることになる。はたしてこの処刑は公正なものなのか? 民衆は死刑囚の断末魔の言葉に心うたれ、処罰権力にあからさまな拒否を突きつける。罪人は英雄となり君主権は愚弄される。

たとえば、『ロビンソン・クルーソー』でおなじみのデフォーは一七〇三年、筆禍事件で三日間のさらし刑に処せられた。さらし刑の囚人には民衆が糞尿を投げつけるのが決まりだが、このとき人々は白い花を投げて法権力を揶揄《やゆ》した。しかし、このようにソフィスティケートされた反抗はむしろ例外的である。お祭り騒ぎの処刑儀式には祝祭の持つ莫大なエネルギーが注入される。そしてその祝祭が反乱の場と化す例はそれこそ数多くあったのだ（ベルセ、井上幸治監訳『祭りと叛乱』参照）。

とりわけ、罪人が門地門閥の出ではなく、下層階級出身であると民衆の処罰権力の不正への嗅覚はとたんに鋭くなりいっせいにノンを叫ぶ。そうなると暴動である。時が近世に近づけば近づくほどこの傾向は顕著となってきた。統治権力は自らの示威を民衆の視覚に訴える儀式としての公開処刑の剣呑《けんのん》さに気づき、徐々に目に見える身体刑の代わりに大衆の目には触れることのない隔離された場所での処罰システムを編み出していく。これがすなわち『監獄の誕生』というわけである。

しかし、中世からの報告では公開処刑はやはり圧倒的に君主と民衆がともに分かち合う喜ばしき儀式であった。そしてそれらあまたの処罰儀式の報告を読むと、そこに中世の君主権と民衆の権力関係構造を解きあかす鍵を見る視点とは別に、まずは民衆の情熱的残酷さには驚かされる。情熱とはだいたいが誤解に基づくものだが、中世の人々はその誤解の能力に長《た》けていた。それゆえ彼らは罪人に加えられる身体の苦痛を自分たちの揺るぎない正義感に直に結びつけることができたのであろう。まさに「今日の我々から見てびっくりするのは、当時の裁判のやり方のでたらめさではなく、さらし台に載せられた人に対して民衆が抱くあのお祭り気分の満足感である」（ボルスト、永野藤夫他訳『中世ヨーロッパ生活誌』）。

人柱のブロイニング

一五一七年十二月二十七日、シュトゥットガルト市のマルクト広場で行われた公開処刑もまたそうであった。

シュトゥットガルトと言えば現在ではドイツ連邦共和国バーデン・ヴュルテンベルク州の首都であり、またダイムラー・ベンツ社のお膝元として知られるドイツ南西部有数の大都市である。十六世紀当時はヴュルテンベルク侯爵家の本拠地であった。

ヴュルテンベルク侯国は十七世紀の三十年戦争（一六一八〜四八年）で一時国力の著しい疲弊を招くが、歴代機略の君主が相次ぎ、やがて神聖ローマ帝国（ドイツ王国）の押しも押されもせぬ雄藩となる。その後、帝国解体の際（一八〇六年）にはナポレオンに与《くみ》して領土を拡張し、ついには王国となり、さらにはナポレオン衰退の兆しが見えるやいち早く対フランス大同盟に寝返り、ウィーン会議（一八一四〜一五年）でもうまく立ち回り寸土の領地も削られることなく、ヨーロッパ列強に王国として改めて認知された。一八七一年、プロイセン王国を主導としたドイツ統一に荷担し、ヴュルテンベルク王国は新生ドイツ帝国の一翼を担うことになる。

こんなヴュルテンベルク家も本章の主題である公開処刑が行われた十六世紀初頭にはいまだ磐石《ばんじゃく》ではなく、それどころかあやうくお家取り潰しの危機さえ迎えていた。時の当主ウルリッヒ侯はヴュルテンベルク侯国三代目の君主である。開祖は英主エーベルハルト長髭《ながひげ》侯。

十三世紀以来、シュトゥットガルトを中心とするライン川支流ネッカー川流域を支配していたヴュルテンベルク家は十五世紀末までは伯爵家の地位に甘んじていた。長髭伯は当時の男子均一相続制度が必然的に引き起こす家領の系統分裂を巧みに収拾し宗家による一元支配を確立し、併せて新たな領地獲得も果たした。そのため同家は神聖ローマ帝国内で最大の版図を誇る伯爵家となった。そこで皇帝マクシミリアン一世は一四九五年、エーベルハルト長髭伯を侯爵に昇位させ、ヴュルテンベルク侯国が誕生したというわけである。

ところが、このヴュルテンベルク侯国が三代目にして早くも領国没収の憂き目を見ようとしていたのだ。それはひとえに矯激、酷薄、残忍な君主ウルリッヒ侯の失政による。そしてウルリッヒは地に墜ちた君主の権威を復活させるために一五一七年十二月二十七日、その文字通り「荒々しい君主の現存の姿」をシュトゥットガルトの刑場を取り囲む民衆に見せつけたのである。囚人の身体に刻まれる責め苦が苛烈であればあるほど、囚人の苦悶が凄惨であればあるほど君主ウルリッヒの権威はいや増しに輝くという仕掛けである。こうして七十四歳の囚人コンラート・ブロイニングは首をはねられた。

ブロイニングの罪状は次の三つであった。

一、国庫横領の罪

二、侯妃逃亡補助の首魁《しゅかい》ディートリッヒ・フォン・シュペートとの親交の罪

三、フッテン党の不穏な動きに呼応して侯の退位を画策した罪

第一の罪は真偽のほどはともかく何となくわかる。しかし、第二、第三のそれとなると多少の説明がいるだろう。そもそも「侯妃逃亡」とはいかにも面妖である。さらに「フッテン党」とは何か？　それにしても「侯の退位の画策」ともなるとまさしくお家騒動に他ならない。いずれにせよこの罪状から見てヴュルテンベルク侯国内の混乱が相当深刻であることは容易に想像がつく。

そしてその内紛は近隣諸藩はもちろんのこと、帝都ウィーンにも筒抜けとなる。何しろ夫ウルリッヒ侯のもとから逃亡した侯妃ザビーネは皇帝の姪であり、南ドイツの雄藩バイエルン侯国の姫君であったのだ。当然このお家騒動に皇帝家、とはすなわちハプスブルク家の介入は必至であった。否、すでに皇帝は領国統治ははなはだよろしからぬをもってウルリッヒ侯に六年の帝国追放を申し渡していたのだ。

その中での先の罪状によるコンラート・ブロイニングの公開処刑の断行とはとりもなおさずウルリッヒ侯の反皇帝宣言でもあったのだ。藩政の中枢に座り、その卓抜な民政の手腕で領民を慰撫し、強欲我執の君主の盾となったブロイニング。さらに彼はヴュルテンベルク侯国の初代英明君主、長髭侯の御代、侯の推薦により皇帝から貴族に列せられてもいたのである。この叙爵が当代ウルリッヒ侯のブロイニングに対する仕打ちに拍車をかけたのかもしれない。ともあれ、ウルリッヒは長年功績があり、皇帝家の御覚えもめでたい老臣をこれみよがしに処刑した。皇帝より帝国追放を命じられた侯にとってブロイニングは皇帝に対する反撃の砦を築くのにはまたとない人柱となったのである。

それではこのコンラート・ブロイニングの刑死までの足どりを軸にヴュルテンベルク侯国のお家騒動を見ていこう。

名望政治の終焉

コンラート・ブロイニングは一四四〇年、ヴュルテンベルク伯領のチュービンゲン市の名家に生まれた。長ずると都市門閥の子弟のコースを歩み、市政に参画し、民政官のキャリアを積んでいく。堂々とした体格で美丈夫、おまけに雄弁な彼はしだいに頭角を現わし、一四九二年にはチュービンゲン市法官となる。この職は当然職として領邦議会の都市代表議員を兼ねることになる。その縁でブロイニングは当時シュトゥットガルトではなくチュービンゲンに宮廷を構えていたヴュルテンベルク伯、後の初代侯爵エーベルハルト長髭侯に重く用いられ、侯の様々な改革の草案を練る。まずはチュービンゲン都市法の改定。次に漁業条令、火災条令、塩条令、食肉製造販売業者条令、布条令、乞食条令。これら矢継ぎ早に出されたチュービンゲン市の新しい経済政策はいずれもシュトゥットガルト市を含めた領内全域の雛形となった。

そのうち乞食条令は次のような内容となっている。すなわち、週ごとに家々から食料品を集め、それを貧しき者に分配する、街頭での物乞いは禁止され、代わりにたとえば糸紡ぎのような家内職が奨励され、もって子供たちに家庭生活と勤勉に慣れさせる、という趣旨である。「この条令には疑いもなくブロイニングの精神が息づいていた」(マンフレット・アイマー『コンラート・ブロイニング』)。いかにも、勤勉で清廉な民政官コンラート・ブロイニングの姿が浮かんでくるところである。

長髭侯はブロイニングをますます重用し、彼を領主高級裁判所陪席判事に任命し、同時に官房顧問官に取り立てた。そしてブロイニングは一四九五年、すなわちヴュルテンベルク伯爵家が侯爵家に昇位したその年に長髭侯の推薦を受け、皇帝マクシミリアン一世により貴族に列せられることになる。

しかし、一四九六年二月二十四日、長髭侯死去。皇帝マクシミリアン一世は自ら長髭侯の墓碑銘に「帝国広しといえども、理性と徳においてその右に出る者はなしと、朕《ちん》が断言する一人の君侯、ここに眠る」と記し、侯の功績を称えた。ヴュルテンベルク侯国は名君を失った。

長髭侯の後を襲ったのは侯の従弟エーベルハルト二世である。二代目侯爵は初代とは人間の格が違っていた。一言でいえば品性下劣な甘ったれであった。初代侯爵は領内統治を君主と内閣の合議で円滑に進めた。この内閣とは宮内大臣とブロイニングもその一人である十二人の顧問官で構成されていた。ところが、二代侯爵はこれを無視し、アウグスチノ修道会士コンラート・ホルツィンガーただ一人の言を容れる寵臣政治を行った。さらに領邦議会の承認を経ず新税を興し、課税合意の原則を踏みにじった。これに対し内閣を中心に領内に侯爵糾弾の声が澎湃《ほうはい》と沸き起こる。そして一四九八年三月三十日、内閣は実力行使に打ってでた。エーベルハルト二世侯に退位の要求を突きつけたのである。侯は内閣による監禁を恐れウルム市に逃亡、内閣はただちに侯の廃位を宣言し、皇帝に奏上する。皇帝マクシミリアン一世は五月二十八日、正式にエーベルハルト二世から侯位を剝奪し、この廃侯の甥ウルリッヒをヴュルテンベルク侯国三代目の君主に据えた。

十一歳の暴君

いよいよ、ウルリッヒの登場である。彼は二代目に輪をかけた品性下劣な人物であった。そして始末に悪いことに剽悍《ひょうかん》であった。下劣さと荒々しさが結びつくと人は凶悪な二足獣になる。すなわちウルリッヒ侯とは体内に凶暴なエネルギーを充満させていて、それがいつ爆発してもおかしくはない、いわば典型的な暴君タイプであり、二代エーベルハルト二世のように家臣団の反抗にあい、おめおめと逃亡するような柔《やわ》なタマではなかった。

しかし、ウルリッヒは即位時にはわずか十一歳、家臣団の代表である内閣とさらには皇帝の後見に置かれるしかなかった。この後見の間、幼年君主は秘かに家臣団に向けての邪悪な怒りを裡《うち》にたぎらせる。我が領地では先々代の長髭侯以来の老臣が藩政を牛耳っている。しかも、家臣の分際で主君に退位を迫るとはもってのほかである。第一、内閣制度そのものが主君を主君とも思わぬ家臣の専横に他ならない。いつかこれを除かなければならぬ。俺はけっして先代の轍《てつ》は踏まぬ、と。

さて、そんな黒々とした思いを胸に秘めた幼君を擁するヴュルテンベルク侯国の内閣は何事もお家安泰のためにと二つの重要な政策を打ち出す。

まずシュヴァーベン同盟への参加である。ドイツ南西部シュヴァーベン地方は小領邦国家と帝国都市が蝟集《いしゅう》し、それらが集合離散を繰り返し、軍事的にもエアー・ポケットになりがちであった。それゆえ同地方の多くの小藩は隣接する大藩バイエルン侯国の脅威に絶えずさらされていた。十五世紀末、このバイエルン侯国と鋭く対立していた皇帝家ハプスブルク家はシュヴァーベンの小藩に働きかけ対バイエルン侯国軍事同盟の結成を呼びかけ、シュヴァーベン同盟を結んだのである。ところが、皇帝家とバイエルン侯国家が和解し、バイエルン侯国自身が同盟に参加するようになると、同盟はシュヴァーベン小藩の皇帝家への隷属化を押し進め、ついには皇帝家の帝国政策推進のための軍事機関に成り下がったのである。

しかし、だからといってこのシュヴァーベン同盟に背を向けるほどヴュルテンベルク侯国は強力ではない。侯国の地理的位置からしても皇帝家と太いパイプを持つに越したことはないのである。こうして同国は一四九九年、シュヴァーベン同盟に参加するが、その矢先、シュヴァーベン戦争参戦を余儀なくされることになる。つまり、皇帝家ハプスブルク家とスイス誓約同盟の言うなれば私的抗争に同盟諸国は巻き込まれたのである。しかも同盟はこの戦争で手痛い敗北を喫する。その戦後処理に奔走したのが民政官コンラート・ブロイニングであった。その処理の過程でブロイニングはもう一つの難問を片づける。すなわち幼君ウルリッヒの結婚問題である。

一四九八年、ウルリッヒの即位と同時に新君主の結婚問題が浮上した。ヴュルテンベルク侯国重臣団は皇帝が薦めた主君の縁談話を受け入れたのである。相手は皇帝の姪でバイエルン侯国の姫君ザビーネで、このときわずか六歳。一方、ウルリッヒ侯は十一歳。とりあえずは婚約ということになる。ところがそろそろ幼年から少年となりかけたウルリッヒはこの婚約を毛嫌いし、押しつけられた許嫁を激しく憎みもした。あげくの果てに婚約解消まで口にした。これに慌《あわ》てた重臣団はブロイニングを皇帝マクシミリアン一世の居城インスブルックに派遣したのだ。ブロイニングはヴュルテンベルク侯国は領内挙げてこの婚約を祝っている、と必死に弁明に努め、皇帝の不快を和らげたのである。

シュヴァーベン同盟参加とウルリッヒの政略結婚。いずれも幼君ウルリッヒ侯の与り知らぬ所で決定されたものである。ウルリッヒは長ずるに従いこれを激しく呪った。こうしてこの二つの政策は後のヴュルテンベルク侯国の深刻なお家騒動の引き金となったのである。

ともあれ、重臣たちの必死の取りなしのおかげで君主ウルリッヒ侯は皇帝の怒りをかわし、一五〇三年、十六歳と四カ月で元服に達したという皇帝のお墨付きをもらった。

民衆の反乱とうわべの和解

ついにウルリッヒは親政に入った。侯のようなむき出しの暴君には悪の華やぎがあり、これが不思議と人を惹《ひ》きつけるものだ。宮廷は華麗に営まれ、享楽的にかつ奔放となり、危なげながらも活気溢れるようになった。十六世紀、十七世紀の領邦君主に求められた軍事的資質も、一五〇四年のバイエルンで起きたランツフート継承戦争の軍配ぶりで端倪《たんげい》すべからざるものを見せた。

侯は親政に入るとさっそく、先代エーベルハルト二世を退位に追い込んだ内閣制度を廃止したが、民政官ブロイニングはなおも侯の側近にとどまった。ブロイニングがチュービンゲン市の商工業者とワイン農家の不穏な連携を断ち切るのに辣腕《らつわん》を振るうのを見ると、侯はブロイニングにチュービンゲン城の財宝管理を任せるようになる。

一五一一年三月、シュトゥットガルト市で行われたウルリッヒ侯の結婚式ではブロイニングは結婚祝いの贈呈役の先頭に立ち、八五二七グルデンの銀器を祝辞とともに捧げる栄誉を担ったのである。こうしてウルリッヒ侯の初政は民衆の人気もまずまずであった。

しかし、さっそうたる青年君主と民衆の蜜月は長くは続かない。むしろその蜜月の甘さが新君主の潑剌《はつらつ》さを凶悪さに変える促進剤となった。ウルリッヒの我がままに歯止めが効かなくなったのである。まず、侯はいつまでも皇帝家ハプスブルク家の言いなりのままでいることに我慢ならなくなり、シュヴァーベン同盟離脱を臭わし、家臣団を慌てさせた。しかしそれよりも何よりも領国内に風雲の兆しが立ちこめた。

一五一四年、ウルリッヒ侯は贅沢三昧《ぜいたくざんまい》の宮廷生活で貯まりに貯まった莫大な借金を帳消しにすべく前代未聞の税を課した。中世の課税システムは次のようになっている。つまり、戦いで君主が捕虜となったときの身代金、王子の騎士叙任式の支度金、王女の嫁入りの際の持参金、そして他国より侵入を受けたときの軍費という四つの臨時税以外の恒常税は領邦議会の承認を経なければ、君主といえども勝手に課税できないのである。ウルリッヒはこの課税合意の原則をあっさり無視し税率を極端に上げた。消費税の導入である。しかも、それは価格にプレミアをつけるという普通のやり方ではなく、食料品の価格はそのまま維持するという名目で、代わりに度量衡をダウンサイジングし食料品の実質的な大幅値上げを打ち出したのである。当然、領内は騒然となる。とりわけ、農民層の怒りはとどまるところをしらない。彼らは武器を取り、シュトゥットガルト、チュービンゲンの両都市に迫ってきた。これが世に言う「貧しいコンラートの反乱」である。

ウルリッヒは窮地に立たされた。侯はシュトゥットガルト、チュービンゲンの都市門閥に頼るしかなくなる。ところがこの都市門閥こそが侯が忌み嫌ったあの内閣制度の重要メンバーなのだ。しかし、背に腹は代えられない。侯はブロイニングに仲介を頼んだ。このときブロイニングはすでに侯の側近を辞し、チュービンゲン市法官として市政に携わっていた。

ブロイニングは精力的に動いた。ウルリッヒに反感を持つ家臣たちの付和雷同を戒め、彼らの不満を吸い上げ、農民を必死に説得し、何とか領邦会議開催で事を収めようとした。そして一五一四年六月、チュービンゲン市での領邦議会開催にこぎ着けた。「これは間違いなくブロイニングの功績である」(『コンラート・ブロイニング』)。

領邦議会とは封建的特権を有する領内の貴族、都市貴族、高位聖職者の集まりで、もとより都市下層民や農民層とは利害を一致するものではない。むしろ、領邦国家の中間権力として民衆を直接支配する立場にいる。この議会が主君に忠誠を誓えば領内の混乱は収まる。ブロイニング主導のもと議会は反乱鎮圧の軍費供出を認めた。もちろん、無条件ではあり得ない。議会が突きつけた条件は以下の通りである。

一、侯はまず第一に領内のおびただしい不平不満を除去することに努めること。
一、法外な税を撤回すること。
一、他国との戦争には議会の承認を得ること。
一、移住の自由を認めること。
一、さすれば議会は侯が必要とする資金を提供する用意がある。

ウルリッヒは呑んだ。呑まざるを得なかった。こうしていわゆる「チュービンゲン条約」は成り、領内の反乱は収まった。ウルリッヒはブロイニングを家臣の鏡よ、と褒《ほ》め称える。しかし、ウルリッヒにとっては「チュービンゲン条約」はどう考えてみても屈辱以外の何ものでもなかった。彼は鬱《うつ》として楽しまぬ日々を送ることになる。その不満のはけ口をウルリッヒはとんでもないところに見つけた。

当時、ウルリッヒの宮廷にハンス・フォン・フッテンという名の騎士がいて、主馬頭《しゆめのかみ》を務めていた。彼の妻ウルズラは式部長官トゥンプ・フォン・ノイブルクの娘で見目麗しい女性であった。主君ウルリッヒはあろう事かこの人妻に横恋慕したのである。侯は恥も外聞もなく、臣下であるフッテンに跪き、「卿の御妻女を貰い受けたい」と懇願する。いやしくも武人である騎士フッテンはこれを言下に退けた。それだけならまだしも、フッテンはこのときの主君の無様な姿を宮廷中に言いふらしたのである。それでいて彼はこんな宮廷とはおさらばすることもなく、相変わらず主馬頭にとどまった。一方、ウルリッヒの怒りは暗くねじける。一五一五年五月七日、狩猟の場でウルリッヒは恋敵フッテンを詰問し、怒りのあまり刺し殺してしまった。このセンセーショナルな事件のニュースは領内にとどまらずたちまちのうちに帝国全土に広がった。

騎士階級は君主の理不尽な行為にいきり立ちウルリッヒ打倒を叫んだ。彼らはフッテン党という党派を作り、主君に対抗した。シュトゥットガルト、チュービンゲン両市の都市門閥は「チュービンゲン条約」に則り領邦議会開催を要求した。議会は激昂し君主の君主としてあるまじき行為を追及する。とりわけウルリッヒの側近ディートリッヒ・フォン・シュペートはこの忌まわしい事件により主君と袂《たもと》を分かち、侯弾劾の急先鋒となる。

そのシュペートと親交のあるブロイニングは侯国の荒廃に心痛める。彼はシュペートらに与《くみ》して扇動者になることはできなかった。何しろ領内では頑是《がんぜ》ない子供たちですら、辻々で今度の事件の戯れ歌を歌い歩いているのだ。このままではお家は終わりだ。無惨に腐り果てることになる。否、そうあってはならない。「理性と徳において右に出るものなし」と謳われた先々君、あの長髭侯が営々と築き上げたヴュルテンベルク侯国がこうして内部崩壊していくのを黙って見過ごすわけにはいかない、と長髭侯のかつての功臣ブロイニングは必死に思う。七十歳を越したブロイニングは最後のご奉公にとウルリッヒ侯と領邦議会の仲裁役を買ってでた。このブロイニングの憂国の思いに、侯と議会双方に一瞬、安堵の空気が流れる。ブロイニングならば互いに振り上げた拳の落しどころを見つけてくれるだろう！

しかし、駄目だった！　同年十一月二十七日、侯妃ザビーネが秘かにヴュルテンベルク侯国を去ったのである。婚約当時から夫に嫌い抜かれた妻である。妻も夫を恨み憎んだ。そして今回の醜聞。侯妃はほとほと嫌気が差し、逃亡した。段取りをつけたのはディートリッヒ・フォン・シュペートである。

侯妃逃亡！　ウルリッヒは満天下に恥をさらしたことになる。もちろん侯妃の逃亡先は実家バイエルン侯国である。そしてヴュルテンベルク侯国の国境からバイエルンまで侯妃を無事送り届けたのは皇帝派遣の騎兵隊である。とはすなわち、バイエルン侯国はいうまでもなく皇帝家ハプスブルク家もまたこの逃亡劇に一枚嚙んでいたことになる。

ウルリッヒは怒り心頭に発した。当然ブロイニングの必死の調停は不調に終わる。ウルリッヒは自分の周囲すべてが憎むべき敵に見えてきた。バイエルン侯家、皇帝家はもとより、我が領邦議会、側近すべてが敵である。そして彼のどす黒い猜疑の目はついにブロイニングに向けられたのである。

思えばブロイニングはかつて、先代エーベルハルト二世の退位を画策した中心メンバーではなかったか！　事実、奴はかつてこの俺に先代のような不行跡なきようにと、得々とあの退位劇の内幕を語ったではないか！　そういえば奴は日頃、あの憎むべきディートリッヒ・フォン・シュペートと親交を結んでいる。俺と議会の間で中立を装い、調停と称し時間稼ぎを行い、その裏で侯妃の脱出のお膳立てを整え、侯妃が逃亡に成功するや、皇帝とシュヴァーベン同盟の圧力でこの俺を廃位させる腹ではないか？

まるで牛肉を焼くように

皇帝マクシミリアン一世は一五一六年十月、ヴュルテンベルク侯国に、君主ウルリッヒに六年の帝国追放、その間、同国の統治は皇帝から任命された内閣によりこれを行う、という裁定を下した。しかし、皇帝家といえども我が徳川将軍家ほどの圧倒的な力はない。せいぜい全盛期を過ぎた室町幕府程度のものである。半ばお家取り潰しに近い皇帝の裁定がそのまますんなりと実行されるかははなはだ怪しいところだ。

事実、ウルリッヒ侯は抵抗した。彼は領内の特権階級である領邦議会議員を中抜きし、直接、都市下層階級と農民層に働きかけ味方につけた。そして帝国追放どこ吹く風と、シュトゥットガルトに本拠を構え、一五一六年十一月、功臣コンラート・ブロイニングを逮捕したのである。

逮捕からほとんどまるまる一年、ブロイニングは拘留される。その間、すさまじい拷問がかけられる。当時の拷問は一種神明裁判の様相を呈していた。今でもときおり、たとえば絞首刑をかけられながら万一助かればその死刑囚は無罪になると、巷間まことしやかに囁かれるあの噂にこの神明裁判の残滓《ざんし》が見られる。すなわち目を背けるような拷問にあっても頑として口を割らなければそれは神の御意志であり、罪一等を減じなければならない、というわけである。それゆえ、罪状が明らかでどうあっても死刑にしたい罪人には敢えて拷問を加えなかったこともあるようだった（『監獄の誕生』参照）。

したがって拷問を加えるからには並たいていのことではすまない。けっして容赦しない。凄惨に執拗に罪人の身体を虐《いじ》め抜く。当時のあるリートはブロイニングにかけられた拷問をこう歌っている。

まるで牛肉を焼くように、
両手両足に赤々と燃える石炭を押しつける。
このドイツでこれと似たようなことが、

かつてあったことを私は知らない。

ブロイニングは梯子《はしご》に縛られ、灼熱の石炭で焼かれ炙られ、やっとこで責められ、体は石炭のように黒く、皮膚はまるでしわくちゃばあさんのそれとなる。そして彼の体に一時、生気が戻ると今度はぐらぐらと煮え立った火酒がぶっかけられる。

この拷問の行く末を領邦議会と民衆はそれぞれ別の視点でじっと見つめていた。

領邦議会にとってコンラート・ブロイニングという都市貴族は悪辣《あくらつ》な君主ウルリッヒとの決定的対立の破局から議会を救うことができる唯一の人物であった。とりわけ議会の都市代表は先々代長髭侯の善政を支え、経済を発展させ都市の力を高めたブロイニングを民政官の理想と仰いでいた。しかし、そのブロイニングが拷問に負けてついに先に挙げた三つの罪状を自白したのである。ブロイニングを助けよ、という神の御意志はついに現れなかったことになる。神に見放されたブロイニングを見て領邦議会は沈黙する。

一方、民衆にとって領邦議会の面々とは直接自分たちを支配する旦那方である。いつもふんぞり返って自分たちを見下す大商人。事あるごとに人を打擲《ちょうちゃく》してやまない地主連中。騎士ならばお侍様だからしょうがない。我慢ならないのは都市のお偉方である。俺たちとどこがどう違うのだ。あんな取り澄ました連中よりも御領主ウルリッヒ様のほうが多少乱暴だがなんぼ気がおけないかしれない。そんな御領主様がこのたびは直接、俺たちに声をかけてくれた。都市のいけ好かないお偉方の親玉、コンラート・ブロイニングが御領主様のお金をくすね、恥をかかせ、おまけに謀反を企てていると。そういえばブロイニングという男はかつて俺たちのまっとうな要求を言葉巧みにかわし、押さえ込み、あげくの果てに俺たちをぶっ潰す策を打ち出し、御領主様と俺たちの間を引き裂いた張本人だ。それが己の罪を悔いて何もかも白状したというではないか。ざまあ見ろ！　やはり神様は正しい、御領主様に神の御加護を！

こうして、民衆はブロイニングに憎悪の目を向けた。

一五一七年十二月二十七日、シュトゥットガルト市のマルクト広場でブロイニングの公開処刑が行われた。かつて思いやりの溢れた行政でヴュルテンベルク侯国全体の繁栄をもたらしたブロイニング。ウルリッヒ即位後はひたすら民政の安定のために一命をなげうって侯国の危機を救った無私無欲の民政官ブロイニング。そんな彼が君主と民衆が直接に交わる公開処刑の場で極悪人に仕立て上げられてしまったのである。

死刑囚には民衆に向かって末期の言葉を述べることが許されている。貴族に列せられたとはいえ、もともともっぱら殺生を事とする武人の血を少しも引いていないブロイニングにとっては言葉こそ最大の武器であったはずである。しかし、ブロイニングの末期の言葉は記録に残っていない。はたして彼はついに無言であったのか。

仮にそうであるとすれば、処刑台までの激しい拷問が彼から末期の言葉を吐く気力をも奪ったのだろうか。それとも彼はひょっとしたら言葉の恐怖と空虚をつくづくと感じていたのだろうか。

生死を分けた一言

残されているウルリッヒ侯の証言通りとすればコンラート・ブロイニングはかつてのそのあまりにも不用意な発言でこの日の悲運を招いたことになる。すなわちブロイニングはウルリッヒ侯が即位した早々、先代エーベルハルト二世の失政を引き合いに出しながらウルリッヒに君主の責務を説いた。そしてそのとき、

私どもが先君エーベルハルト二世様の御退位を決めました。

と、言わずもがなのことを言ってしまったのである。

それはどんなに功績ある家臣といえども、また主君を諫《いさ》めるためのものであっても、主君の前ではけっして吐いてはならない言辞であった。蛇のように執念深いウルリッヒにこの記憶が蘇ったときブロイニングの処刑は決まったのだ。いまさら末期の言葉が何になろう？　言葉で悲運に見舞われた者は貝になって口を閉ざすしかない。こうしてブロイニングは一言も発しなかったのではないだろうか。

しかし、いずれにせよ民衆の心を揺さぶる言辞一つ吐けない囚人は民衆の憎悪をいたずらに掻《か》き立てるだけであった。民衆はブロイニングの数々の功績など初めからなかったごとく、殺せ！　殺せ！　と叫んだ。ブロイニングは君主ウルリッヒの極悪非道をその老いさらばえた身体で受けとめ、それをあたかも自らの極悪非道の報いであるかのごとき錯覚を民衆に与えながら息絶えた。そして民衆は胸の痞《つかえ》が降りたようにこの残酷な政治ショーを満喫し、君主ウルリッヒ侯の復権を言祝《ことほ》いだ。

確かに、ウルリッヒの君主権は華々しく再興されたかに見えた。

一五一九年、ウルリッヒを帝国追放令に処した皇帝マクシミリアンが崩御する。ウルリッヒはハプスブルク家とシュヴァーベン同盟を敵に回し、次の皇帝選挙では先帝マクシミリアン一世の孫でしかもスペイン王であるカール五世の有力な対抗馬となったフランス王フランソワ一世陣営に走った。

しかし、下馬評通り皇帝はカール五世に決まりここに神聖ローマ帝国、スペイン王国、南米大陸を包含するかりそめのハプスブルク世界帝国が出現する。そして、ヴュルテンベルク侯国は十五年にわたって新皇帝により領地を没収される。ウルリッヒは国外逃亡する。ウルリッヒは逃亡地から執拗な領地回復の戦いを繰り返した。追放令を受けたウルリッヒにそれを可能にしたのは言うまでもなく帝国全体の混乱であった。帝国はその後、カール五世とフランソワ一世の死闘、宗教改革と農民戦争、さらにはシュマルカルデン戦争と中世の断末魔を経巡ることになる。

ヴュルテンベルク侯国はもはや一人の矯激、酷薄、残忍な君主ウルリッヒの存在を超えた大きなうねりの前に立たされたのである。初代長髭侯の遺徳を偲《しの》び、ひたすらヴュルテンベルク侯国のために我が身をなげうったコンラート・ブロイニングの刑死も、こうして人々の記憶からこぼれ落ちていった。

第4章…「死ぬ者貧乏」将軍の物語

愛と忠誠を捧げ尽くした

ゲオルク・フォン・フルンツベルク肖像

マクシミリアン一世、カール五世。二人のハプスブルク大君主はドイツ国内とヨーロッパ世界の覇権を求めて戦乱に明け暮れた。その麾下《きか》にはあまたの将軍がいる。もっとも、そのほとんどは皇帝に臣従義務を持たない、金でどうとでも転ぶ傭兵隊長である。しかしこのことは逆に、皇帝はいくらでも使い捨てができる将軍を多く抱えていたということになる。皇帝は彼らを利用し尽くすだけである。こうして二人の皇帝は、傭兵隊長の身でありながら、皇帝の醸し出す一種宗教的オーラに惹かれた一人の将軍の悲痛なまでの忠誠に忘恩で報いる……。

金で身を売る傭兵たちの暮らし

死因は卒中であった。ある俗人に言わせると卒中などは、「まことに死栄《しにばえ》のしない病気さね」（尾崎紅葉『多情多恨』）ということになる。ずいぶんとひどい物言いだが、卒中体型という言葉があって、辞書によれば「ずんぐりと肥満し、首が太く短く、赤ら顔で……」とあり、確かに見目麗しいとは言い難い。彼もまさしくこの体型であった。ところが伝説では様子がまったく違ってくる。

背は高く、背筋がすっくと伸び、贅肉の一片もない引き締まった体躯。髪はブロンドで肩まで下がり風に靡《なび》いている。乗馬の名手で、どんな悍馬《かんば》でも彼にかかると駿馬《しゅんめ》となりギャロップで駆け巡る。先込め砲を腰で軽々と運んだり、さらには大地に大の字に寝そべっている荒くれ男を指一本で裏返すことができる怪力の持ち主でもある。戦いにあってはその雄姿は鬼神さながらで、彼の檄《げき》に兵士は奮い立つ。兵舎にあっては慈父のごとき威厳と優しさに兵士は戦いの恐怖と疲れを忘れる。

これが兵舎で、街道筋の宿屋で、都市で、村々で語り継がれた彼、すなわちドイツ傭兵隊長ゲオルク・フォン・フルンツベルクの伝説である。しかも生前伝説である。

ところで先に書いたように実際のフルンツベルクはずんぐりした背格好で、髪も薄く、馬に乗るのも一苦労という肥満に苦しみ、おまけに長年の飲酒で顔は青黒くむくんでいる。とても、生前伝説にあるような英雄、美丈夫の雄姿ではない。しかし、だからといって生前伝説を刷り込まれた兵たちが初めてフルンツベルクの連隊に入り連隊長その人を間近に見たとしてもけっしてがっかりすることはなかった。むしろ彼らは伝説と実体のそのあまりにもの落差に何かほっとしたものを感じるのである。彼らは外から見ればいかにも通り一遍の英雄伝説がいかに創り出されていくかのプロセスに直に触れ、自分たちもその伝説形成に参加していくのである。今聞けば、陳腐で鼻白む古来数々の名言も、それらが形成されていく渦中にいた人々の感動により後世に伝えられたのである。兵たちはつねに死と隣り合わせの酷薄な状況の中で連隊長フルンツベルクに感動し、新たに生前伝説を紡ぎ出していく。

しかしこれはきわめて希有なことだ。なぜそうなのかを説明するには中世末期のドイツ傭兵部隊《ランツクネヒト》の連隊長と兵士たちの生態について少し触れなければならない。

傭兵隊長ゲオルク・フォン・フルンツベルクを慈父のように慕った兵卒たちはいったいどんな連中だったのか。

封建正規軍解体の後を受けて陸続として生まれてきたドイツ傭兵部隊（以下ランツクネヒト部隊と記す）に兵卒として雇われた者は大部分が娑婆の世界からはじき出された連中であった。

皇帝、帝国諸侯、帝国都市、イタリア都市国家、フランス王、スペイン王らヨーロッパの割拠勢力が戦争の政治的決断を下すと、各地の連隊長に募兵特許状を交付する。連隊長はただちに手下の募兵係に募兵を命じる。募兵係は笛や太鼓で市中や村々を練り歩き、とりあえず群衆を集める。そして興味深げに集まってきた群衆に傭兵生活をバラ色に語って見せて、頃合よく手付け金という餌をちらつかせる。この現金《げんなま》に手を出せば傭兵契約を結んだことになる。すなわち、手付け金を受け取った者は「自分の皮膚、身体、つまりは自分の生身一切合切を売ったことになり」、その瞬間から兵役義務が発生するのだ。

　このようにして、ランツクネヒト部隊の募兵に応じたのはまず南ドイツ帝国諸都市の防衛組織を担っていた同業組合（ツンフト）の職人。これら職人は都市社会に根を下ろしていた親方連中とは明らかに階層が違っていた。それに徒弟、日雇い、下男、召使いといった手に職を持たない下層階級が加わる。あとは農民である。とはいっても「自作農民が傭兵部隊に身を投じることは滅多になく、だいたいが小作農であった。とりわけ、農家の次男や三男、農村に住む職人の息子、日雇い農夫、小百姓といったところである」（バウマン『ドイツ傭兵《ランツクネヒト》の文化史　中世末期のサブカルチャー／非国家組織の生態誌』）。このランツクネヒト部隊の兵卒の出身層に目をやると彼らの当時最大のライバルであったスイス傭兵部隊との本質上の違いが見えてくる。すなわちスイス傭兵はあくまでも出稼ぎである。出稼ぎであるならば兵たちには帰る故郷があることになる。故郷で自分を待っている妻子のためにスイス傭兵は身を慎み金を貯める。

これに対してドイツ傭兵、ランツクネヒトはひとたび傭兵となって故郷を離れると故郷から冷たく閉め出されることになる。よし、帰れたところで、もともと活計《たつき》の道が極端に細い彼らのことである、極貧にあえぐしかない。ランツクネヒトはしだいに傭兵稼業そのものを一時的な出稼ぎではなく、本業にしていくしかなくなる。こうして、職業としての傭兵が生まれる。

そしてこの職業には失業が付き物である。大量の歩兵を常備する金がないからこその傭兵であり、非常備傭兵部隊は戦いが終わると解隊され、兵たちは軍務を解かれる。月四グルデンの給料は隊内での博打、酒代、そして悪辣《あくらつ》な酒保商人のごまかしで跡形もなく消える。蓄えなどできるはずがない。

つまり、傭兵部隊の解散のたびに大量の失業者の群が諸国をうろつくことになる。乞食、行商人、ジプシー（ロマ）、鋳掛け屋といった階級秩序の外側で暮らす非定住の流れ者にこの職業としての傭兵が加わったのである。失業傭兵は各地で無銭飲食、盗み、追い剝ぎ、放火、人殺し、略奪を繰り返す。彼らの目にはすさんだ陰惨な光が宿ることになる。そしてどこかで傭兵部隊の募兵があると聞くと、今となっては娑婆ではまっとうに生きることができなくなったこれらの失業傭兵が先を争って募兵に応じるのだ。

こんな社会の最底辺をさまよう兵たちが連隊長ゲオルク・フォン・フルンツベルクを父と呼ぶのだ。

己の命を的にして得た月わずか四グルデンの給料を酒、賭博、女に蕩尽する蟻地獄の生活にのたうち回り、その日その日を小狡《こずる》く生きるしかなかった兵たちは忠誠、侠気、恩義、情愛といった言葉とは無縁であった。そんなランツクネヒトたちもさすがに連隊長フルンツベルクの人格の気韻に触れると封建的主従関係を懐かしみ、温もりを覚えるのだろうか？

彼らは連隊長を「おおフルンツベルク殿！　我らが父よ！」と呼び、連隊長は彼らに「我が息子たちよ！　我が兄弟たちよ！」と語りかけるのである。もちろん、このような連隊長と兵卒との緊密な関係は他の連隊にはまったく見られない。

しかしそれにしても、なぜフルンツベルクはかくまでも兵たちの心をつかんだのだろうか？

市場に「心」を持ち込んだ傭兵隊長

フルンツベルクの指揮する傭兵隊の無類の強さは指揮官と兵たちが一体となって戦うその強い連帯感にある。連隊長は兵たちの戦列に加わり、生死をともにして戦った。兵たちがそれに応えた。兵たちは連隊長フルンツベルクの行動がその場しのぎの単なるポーズではないことを知っていたからである。

それだけではない。フルンツベルクはランツクネヒト部隊編成の時点からすでに他の多くの傭兵隊長とは明らかに違っていたのである。

ランツクネヒト部隊は実際の戦闘に至るまでに次のようなプロセスを踏んでいく。

まず、兵の募兵。次に手付け金をもらった兵たちが定められた日時に査閲場に集まり傭兵隊の雇い主である最高司令官の閲兵を受ける。多くは王侯自らの臨席ではなく、代理による閲兵である。この閲兵のとき戦争企業家としての傭兵隊長には最初の利潤が揚がることになる。連隊長どうしでの兵の貸し借り、疾病兵の強引な兵士登録、さらには二重登録、三重登録と、あの手この手で員数をごまかし、その給料分をポケットに入れる。軍人服務規定の朗読、誓約がすむと武器が配給される。むろんただではない。傭兵隊長は兵たちに粗悪な長槍を高値で売るのだ。兵に金がなければ金を貸し、給料から差し引く。法外な利子がつくことは言うまでもない。

次に行軍が始まる。輜重隊《しちょうたい》への食料、弾丸、武器らの物資納入につきもののリベートも連隊長である傭兵隊長の懐に入る。酒保商人の選定にも袖の下がものを言う。もちろんこの金が兵たちが購入する生活必需品の値段に上乗せされるのは言うまでもない。次に行軍中の略奪、勝ち戦の際の戦利品の分配の匙《さじ》加減で傭兵隊長の財布がさらに膨らむ仕組みとなっている。

フルンツベルクの同時代の傭兵隊長セバスチャン・シェルトリンの収入帳簿を覗いてみよう。チュービンゲン大学でマギスターの学位を授けられたこのインテリ傭兵隊長は金銭感覚に長《た》けた文字通りの戦争企業家であった。

「一五二一年、ピカルディ遠征、利益四〇〇グルデン。二二年、トルコ戦役、利益五〇〇グルデン……」

つまりやりようによっては傭兵隊長とは旨味のある商売であったというわけである。前代の悪辣《あくらつ》資本家が労働者から搾取したように、戦争企業家としての傭兵隊長のぼろ儲けは兵たちの犠牲の上に積み上げられる。傭兵隊長は兵たちの生き血を吸って肥え太るという構図になる。

もちろん、やりすぎては元も子もなくなる。ランツクネヒト部隊は軍事史上希にみる民主主義的組織であり、労働組合的な機能を持っている。そして兵たちは傭兵隊長に忠誠心など持っていない。傭兵隊長と兵たちを結ぶ唯一の絆は金である。月四グルデンの給料だけはきちんと払わなければならない。給料が滞れば傭兵隊長も兵の反乱にあい命の危険にさらされることもある。給料は支払い、その上で兵を巧みに搾取すること。これが傭兵隊長に求められた資質である。

ところが、フルンツベルクはつねに金欠病に悩まされていた。ちっぽけな領地からの利益、家代々の家宝、妻の持参金、装身具すべてをつぎ込んでも莫大な借金が残っている。

要するにフルンツベルクは戦争企業家としては失格であった。もともと、傭兵隊長としての交渉能力に欠けていた。雇い主と傭兵契約を結ぶとき彼はつねに弱腰でそこを相手に見透かされ不利な契約を押しつけられている。というのもフルンツベルクの雇い主はいつも神聖ローマ皇帝、とはすなわち、ハプスブルク家と決まっていたからである。この雇い主は彼の二つの領地の封建領主でもあった。そして彼もまたハプスブルク世襲領チロルの最高司令官であった。この関係がフルンツベルクにビジネスライクを許さない。中世的主従関係の観念に縛られていたからである。彼はそういう人間であったのだ。こうして「ハプスブルク家に忠誠を尽くせば、自身の戦争ビジネスの利益に反するという葛藤が生まれ」(『ドイツ傭兵の文化史』)、彼は悩み、つねに押し切られてしまう。

それならば、傭兵契約金以外の余禄を追い求めればよい。先述したようにその手段はいくらでも転がっている。しかしフルンツベルクは兵をけっして搾取しようとはしなかった。まさに戦争企業家落第であった。

だがこのことが軍事指導者としての彼の名声を押し上げることになる。つまり、社会、家庭から弾き出された兵たちは連隊長を家長と見立てたフルンツベルク連隊に醸《かも》し出されている擬似家族的な雰囲気に酔い、「我らが連隊長、フルンツベルク殿」のために奮戦するのである。だからこそフルンツベルクの指揮するランツクネヒト部隊は無類の強さを発揮するのだ。こうして、フルンツベルクは皇帝カール五世に数々の勝利をもたらした。とりわけイタリアのビコッカ、パヴィアの戦場でカール五世の宿敵フランス王フランソワ一世に壊滅的打撃を与え、「ビコッカの勝者」「パヴィアの勝者」と謳われるのである。

しかし、いかにフルンツベルクといえどもつねに戦いに勝つとは限らない。むしろ、負け戦のときに「ランツクネヒトの父」、フルンツベルクの真骨頂が現れたのである。正確に言うと負け戦ではなく、逃げるが勝ちの妙を揮《ふる》ったときである。

一五二一年の対フランス戦のことである。フルンツベルクをはじめとする皇帝軍はピカルディー地方をたいした抵抗もなく進み、次々に都市や城を占領していった。そして皇帝軍がヴァランシエンヌにさしかかったときである。フランス王フランソワ一世が大軍を率いて迫ってくるとの噂が流れた。噂でも何でもない。事実そうだったのだ。やがて両軍はヴァランシエンヌで対峙した。そしてフルンツベルクの腹心マルティン・シェレンベルガーがフランスに雇われた一人のスイス兵を引っ捕え、口を割らせると驚くべき事実がわかった。すなわち、スイス傭兵一万八千、ガスコーニュー兵七千、騎兵八百、さらにフランスの歩兵数中隊、そして精鋭の砲兵隊。これがフランス軍の陣容というのである。

皇帝軍の他の連隊長たちは己の軍事的名声を求めて討ちてし止まん、と決戦論を唱えた。しかし、フルンツベルクは「衆寡敵せずである。このまま戦えば皇帝陛下に国と臣民を失わせてしまうことになる。我々もだれ一人生きて帰れること叶わぬことになる」と懸命に説得した。

退却に決まった。退却軍の指揮はフルンツベルクが受け持つことになる。

フルンツベルクは退却軍の先頭に歩兵隊の姿を敵の目から覆うように騎兵を配置した。騎兵による先制攻撃態勢に入ったと敵に思わせるためである。フランス軍はこれを見て、大砲を前面に据え、迎撃態勢のまま満を持して敵の突撃を待っていた。フランス軍は勝利を疑わなかった。しかし、いくら待っても皇帝軍騎兵の吶喊《とっかん》が起こらない。そしてその間に皇帝軍歩兵部隊は整然と退却を始めたのだ。フルンツベルクは自軍の雪崩をうっての敗走を恐れて、兵たちには敵を一挙に叩くために一時、後方に下がるだけだと告げていた。

皇帝軍は見事、逃げ切ることができた。すでに一マイル四方にはいかなる敵も見あたらなくなったときフルンツベルクは兵たちを大地にひざまずかせ神への感謝の祈りを唱えさせた。そして兵たちは己の軍事的野心、名声のために、兵たちを危険にさらすことをせず、兵たちの命を救ったフルンツベルクに感涙し、「我が連隊長殿！　おおフルンツベルク殿！　我らが父よ！」と叫んだ（バウマン『フルンツベルク』参照）。

しかし、それにしても鮮やかな退却であった。フルンツベルクはこのヴァランシエンヌ退却戦を後に「我が生涯、最高の幸運であり、もっとも名誉ある軍事行動であった」と事あるごとに口に出したという。

こうして、フルンツベルクの輝かしい生前伝説が生まれ、「ランツクネヒトの父」の雄姿がドイツの隅々まで語り継がれていったのである。

追い詰められた英雄

さて、そのフルンツベルクが卒中に倒れた。

血が逆流したのだ。頭に血が上ったのだ。信じられない光景を目にしたからである。それは一五二七年の早春の頃であった。

前々年のパヴィアの戦いでフランス軍を駆逐した皇帝カール五世はイタリア権益をその手に握ったかに見えた。イタリア諸勢力の一角を占める大領主でもあるローマ教皇がこれを嫌った。教皇クレメンス七世は皇帝との同盟を破りフランス側に寝返った。皇帝は激怒し教皇懲罰軍を差し向けることを決めた。そして皇帝はただちにフルンツベルクに募兵特許状を交付する。それによれば一万二千の兵を集めよとのことである。それが一五二六年の秋。フルンツベルクはこれが自分の命取りとなることも知らずに部隊を編成し、何度目かのイタリア遠征に出かけることになる。季節はすでに冬を迎え年を越そうとしていた。

今回のイタリア遠征は最初から苦難の連続であった。寒さと雪の中、間道を抜けて山を越えなければならない。しかも兵たちは半月分の給料しかもらっていない。フルンツベルクの口約束だけを当てにして兵は進む。ランツクネヒトはまだ「我らが連隊長」を信じていた。しかし、イタリア北部で合流したシャルル・ド・ブルボン元帥配下のスペイン傭兵部隊には不穏な空気が漂っていた。ちなみにシャルル・ド・ブルボン元帥とは言うまでもなくフランスのブルボン家の頭領である。それがフランス王フランソワ一世に反旗を翻しハプスブルク家皇帝軍に身を投じていたのである。

一五二七年三月、皇帝軍がボローニャに達したとき、皇帝と教皇との休戦が結ばれ、教皇クレメンス七世が皇帝軍に六万ドゥカーテンを支払うという噂が流れた。しかし、総額六万ドゥカーテンでは兵士一月分の給料にも満たない。スペイン兵は激高した。そしてブルボン公がこの教皇の休戦条約を呑んだという噂がまたしてもスペイン傭兵部隊に流れた。

三月十三日、ついに反乱が起きた。イタリアでの皇帝代理は厩の藁の下に身を隠し血に飢えたスペイン兵の襲撃を逃れたという。ブルボン公はフルンツベルクの陣幕に逃げ込んだ。

このスペイン兵の怒りがランツクネヒト部隊に伝播した。彼らは兵卒集会を開き、金をもらわなければ一歩たりとも進まないと宣言する。フルンツベルク麾下《きか》の中隊長たちは懸命に兵士を説得し、一時は平静を取り戻した。しかし、スペイン兵は収まらない。彼らは別の雇い主を捜し、敵側に寝返ると脅しをかけてくる。

フルンツベルクは皇帝と同盟を結んだ北イタリアのフェラーラ侯アルフォンソ・ドゥ・エステに借金を申し込んだ。侯は皇帝軍のおかげでイタリア北部四都市を手に入れることができたのだ。虫のいい無心などではけっしてない。しかし、三月十六日未明、フェラーラ侯の峻拒の知らせが届く。フルンツベルクは万策尽きた。

否、たった一つの手段が残っていた。これまで彼はこれで何度も危機を乗り越えてきた。すなわち、フルンツベルクは兵卒集会で兵たちに直接、語りかけることにすべてを賭けたのである。

三月十六日土曜日の早朝、太鼓の音が鳴り響き、兵卒集会開催の知らせが告げられる。輪になって集まる兵たちの真ん中にフルンツベルクは麾下の中隊長を従えて現れる。

フルンツベルクは切々と訴えた。兵たちの気高き心と、我が連隊の強い絆と名誉を称え、「我が息子たち、我が兄弟にその戦いにふさわしい給与は必ずや支払われるだろう」と語った。「息子たちよ、皇帝の敵、この戦いの火付け役、あのソドムの私生児、教皇を思い出せ。ローマで諸君は給与と名誉と財産を手に入れることができる」。フルンツベルクはその火の出るような演説の中で繰り返し兵たちに「我が息子たちよ、我が兄弟たちよ」と呼びかけた。

「心」が金に敗れたとき

しかし、息子たちや兄弟たちは父の諭《さと》しにもはや耳を傾けようとしない。彼らの口をついてくる言葉は「金だ！　金だ！　金をよこせ！」の叫びだけである。兵たちの怒りは収まらない。そして事もあろうに兵士の何人かが「我らが連隊長殿」に槍を向けたのだ。

「これで充分であった」(『フルンツベルク』)。フルンツベルクの中で何かがもろくも崩れた。怒りと悲しみが彼の全身を駆け巡り、転瞬、彼の血管が切れ、彼はどうと倒れた。何も語れず、何も見えなかった。卒中の発作である。

兵たちは連隊長殿が副官たちに運び去られていくのを寂《せき》として声もなく呆然と見守るしかなかった。

慈父のごとき慕う連隊長の突然の昏倒に一時、声を失った兵たちは我に戻るとどうしたのか？　深い悔恨の情に囚われたのだろうか？

そうではない！

ランツクネヒト部隊フルンツベルク連隊の兵たちは死病に陥った連隊長をただちに見捨てた。彼らはシャルル・ド・ブルボン公の指揮下に入り、「ローマには金がある！　金がある！　金がある！」と呪文を唱えながらスペイン傭兵部隊と先を争うように一路ローマへ向かったのだ。そして彼らはそのローマで身の毛もよだつこの世の惨劇を演じるのだ。史上名高い「ローマ略奪《サッコ・ディ・ローマ》」である。

一五二七年五月六日の朝。

ランツクネヒト部隊、スペイン傭兵部隊、イタリア傭兵部隊、総勢二万の兵がローマ城壁に最初の突撃を行った。このとき皇帝軍総司令官ブルボン元帥が城方からの流れ弾に当たって戦死した。指揮官を失い、さなきだに荒れ狂う皇帝軍は完全に無統制となり、二万の攻撃軍が略奪軍と変わった。ローマ方のわずか四千の兵が守る防御線を突破しランツクネヒト、スペイン傭兵、イタリア傭兵が市内に乱入する。聖天使城に逃げ込んだローマ教皇クレメンス七世の目の前でものすごい略奪が開始される。物欲と肉欲がもっとも残忍な形を取り、サン・ピエトロ大聖堂、ヴァティカン宮殿、その他あらゆるところで略奪が行われた。持ち出せないものは偶像破壊の名のもとにすべて破壊され、修道尼を真っ先にあらゆる女が陵辱され、聖職者、君侯、従者、市民と男たちは到るところでなぶり殺しにされた。この無差別殺戮の犠牲者一万の屍体があちこちの舗道に無造作に転がされ、テーヴェレ川にも三千の屍体が浮かぶ。

血にまみれ、酒と女に酔ったランツクネヒトは略奪に飽きるとグロテスクなパレードを行う。枢機卿の衣装を纏《まと》い、頭には枢機卿の帽子を乗せた兵士たちが驢馬《ろば》に乗り祈禱行列よろしく市内を練り歩く。バイエルンのヴィルヘルム・ザンディツェル伍長が教皇に扮装し、従者を従え現れる。彼の行うミサはワインの賞賛と聖天使城に立てこもる教皇クレメンス七世への罵詈《ばり》雑言《ぞうごん》であった。彼は「アンチキリスト、ソドムの私生児クレメンスを吊るせ！ルターこそ教皇にふさわしい！」とこの「殺人と破壊の饗宴」（モンタネッリ他『ルネサンスの歴史』）を言祝《ことほ》いだ。そしてそのうちランツクネヒトとスペイン傭兵との間で諍《いさか》いが起き、内輪で殺し合いが始まる。

こうして、兵たちは五月六日から八日間にわたって略奪を恣《ほしいまま》にし、永遠の都ローマは廃墟と化した。ローマの風俗の乱れを批判してやまなかった人文主義者エラスムスさえそのあまりの惨状にこう書いている。「ローマはキリスト信仰の本山、高貴な精神の乳母、美神の隠れ家であったばかりでなく、諸国民の生みの母でもありました。これは一都市の破壊というより、一文明の破滅です」（『ルネサンスの歴史』）と。そして祖国イタリアの国民国家としての統一を孜々《しし》として倦まず説き続けたマキャヴェリはこの禍事《まがごと》のわずか一月後、まるで憤死のようにこの世を去った。

まさしくイタリアとルネッサンスは無惨にも打ち砕かれたのだ。

時代に呑まれる忠誠心

一方、小康状態を取り戻したフルンツベルクは三月二十二日、フェラーラに輸送される。ここで病床の連隊長は秘書官アダム・ライスナーの報告により「我が息子たち、我が兄弟たち」がしてのけた「ローマ略奪」の惨劇を知ることになる。そして同時に息子メルヒオルの訃報も知らされた。彼は絶句し、病状はいっそう進んだ。

フルンツベルクは怒り狂った。その矛先は昨日まで自分と労苦をともにしながら、今日には手のひらを返すように自分を見捨てた兵士たちに向けられる。

しかし、兵士たちにどんな責任があるというのか？　兵たちは自分たちの当然の権利を主張したに過ぎない。金！　金！　金！　である。傭兵隊長と兵たちを結びつける唯一の絆は金であるというこれ以上ない明白な原理が「傭兵隊長の父、フルンツベルク」とその兵たちの間にも容赦なく貫かれたまでのことであった。金がすべての原因である。

だとすればその金を出し渋った雇い主、皇帝カール五世の金銭支払いモラルの徹底した欠如こそが巡り巡ってフルンツベルクの血を逆流させ、彼を昏倒させたことになる。

その皇帝カール五世は「ローマ略奪」を「余の責任ではない」と言い放った、という。このローマ教皇懲罰遠征をフルンツベルクに命じたのは紛れもなく皇帝カール五世であった。

帝としてみれば「必要に応じて抑止すればいいと軽く考えていたのだろう」(『ルネサンスの歴史』)。しかし、荒れ狂う兵たちを抑止できるのはフルンツベルクをおいて他にはいない。ところが、そのフルンツベルクは皇帝が兵たちの給料をびた一文も払わなかったために、兵たちに見捨てられ瀕死の病床に就く羽目に陥ったのである。

「ランツクネヒトの父」、フルンツベルクのこれまでの皇帝家への忠誠はいったい何だったのだろうか?

思えばフルンツベルクは先帝マクシミリアン一世以来、ハプスブルク家にはいいように使われてきた。彼はハプスブルク家に忠誠を尽くしてきた。しかし、「貴人に情なし」である。皇帝にとって「ヒトはあくまでもわが家に仕えるもの、そして使うもの」であった。そこに人情のぬくもりを期待してはならない。高貴な血は人情の底冷えをくぐり抜けていよいよ青く冷徹・酷薄の美を湛《たた》え、その高貴さを増していくものである。

もちろん、フルンツベルクもその理《ことわり》を知っていたはずである。つまり、彼は今までハプスブルク家にさんざん煮え湯を呑まされてきたのだ。たとえばフランス王フランソワ一世を捕虜にしたパヴィアの戦いの後でも皇帝はこの大勝利の立役者フルンツベルクに王の持っていた豪奢な剣を授けるだけであった。それがすべてであった。「皇帝は彼の司令官に、いかなる好意のしるしをもあたえなかったのである」(プレティヒャ、関楠生訳『中世への旅』)。

それでも彼は今回もまたローマ懲罰遠征の要請を受けたのだ。しかも皇帝は口約束をするだけで兵の給与一カ月分さえ支払おうとはしなかったのだ。ここまでくるとフルンツベルクは神に選び抜かれたハプスブルク家の醸《かも》し出す一種宗教的オーラに雁字《がんじ》搦《がら》めに縛られていたとしか思えない。彼は中世的な皇帝の霊威に服すことに無上の喜びを感じていたのだろうか？

それとも彼は皇帝の忘恩は二の次で、大量の歩兵部隊という新しい戦闘形態にただひたすら魅せられたのだろうか？　歩兵部隊は規律と訓練の強化が不可欠である。フルンツベルクは部隊の効率的組織化に取り組んだ。てんでんばらばらであった武器の統一も他に率先して行ってきた。こうして、彼は中世末期、あるいは近代初期に現れた傭兵歩兵部隊を手造りで完成させる喜びに浸った。

そしてフルンツベルクは歩兵傭兵が必然に持つ胡散臭《うさんくさ》さを一掃し、傭兵にモラルを植え付け同時に帝国への忠誠心という軍人魂を芽生えさせようとさえしたのである。もちろん、これはフルンツベルクといえども達成できなかった。兵たちに槍を向けられ、血が逆流し卒中の発作に襲われたことがその証左である。むしろ傭兵部隊はまさにこの忠誠心の点でつねに痛烈な批判にさらされ続けるのである。

しかし、である。フルンツベルクに鍛えられたランツクネヒト部隊の存在はこうした批判を受けながらも同時に皇帝、フランス王、ドイツ諸侯らのヨーロッパ王侯たちの君主権を結果的には高めていったのである。君主はもはや封建貴族の軍事力のみに依存せずにすみ、逆に傭兵部隊を駆使しながら貴族たちの中間権力を奪い、権力独占を果たしていくのだ。そしてこうして国家独占を果たした君主の身体を通してできあがったきわめて人工的な国家機構がやがて聖性を帯び、国民に無類の忠誠心を要求するのが近代の道であった。

だとすればフルンツベルクは近代の道の先鞭を付けたことになる。その功績に比べれば皇帝の忘恩などは取るに足りないように思える。フルンツベルク、もって瞑すべしか？


だが、さらに、しかし、である。フルンツベルクは徹底して封建中世を生きた軍人である。「我が魂よりも祖国をより多く愛する」と言い切ったマキャヴェリのような近代を志向した思想家ではけっしてない。

恨みのセレナーデ

フルンツベルクは我が魂を愛したはずである。自分と神に選び抜かれたハプスブルク家との個人的つながりを狂おしくも求め、求め生きてきたはずである。だからこそ、その期待が裏切られると落胆は彼の深いトラウマとなる。

皇帝はパヴィアの戦いでのフルンツベルクの大功績をまたもや無視した。この皇帝のあまりにもつれない仕打ちにフルンツベルクは次のような嘆きのセレナーデを奏でた。それでも彼は皇帝からの最後となったイタリア遠征の要請を断ることができなかったのである。ハプスブルク家への個人的忠誠心はフルンツベルクの哀しい性《さが》であったのである。セレナーデはその忠誠の果てを詩《うた》っている。

私はいつだって
骨身を惜しんだことがない
つねに我が君のため
あらん限りの誠を尽くした
主君の意志に従い慈悲を求めた
しかしこの思いは
宮中でしばしば曲解された

我が身を売る輩は
私を遥かに追い抜き
殿上に昇っていく
しかし長きにわたり
名誉を重んじる者は
遠く退けられる

それが私だ
私の真摯な御奉公は
終《つい》ぞ知られぬままとなる
御奉公から
私が得た報酬は忘恩
私はいいように振り回され
そして全く忘れられていく
どれだけの苦難と危機を
乗り越えてきただろう
それでいかな喜びを手に入れればよいのか

不実な者が主君の御覚えめでたく、功績ある者は報いられずに終わる、とフルンツベルクは憤激している。それでは「私を遥かに追い抜き殿上に昇っていく」「我が身を売る輩」とはだれか？

ここではフルンツベルクのもとで傭兵隊長修行を積んだあの金の亡者、インテリ傭兵隊長セバスチャン・シェルトリンのしたたかな生き様を眺めれば充分である。それを見ればフルンツベルクはやはり損な人生を送ったとしか言いようがない。

セバスチャン・シェルトリンとは傭兵隊長も「巧みに、非良心的にさえ立ち回れば財産を作り、金持ちになれるということ」(『中世への旅』)を身をもって体現した人物である。それどころか彼は皇帝カール五世に取り立てられその名もセバスチャン・シェルトリン・フォン・ブルテンバッハと改め貴族に昇位さえしている(姓名の間の「フォン」は貴族のしるし)。しかも彼はヨーロッパ世界を震撼させたあの「ローマ略奪」の際にも抜け目なく実に一万五千グルデンという莫大な利益を上げている。

さらにずっと後の話だが、この傭兵隊長は皇帝に反旗を翻す。プロテスタント諸侯の結んだシュマルカルデン同盟陣営に走り、シュマルカルデン戦争の際には同盟軍の司令官に就いた。同盟軍敗退後、皇帝による追及をあわよくかわして父王フランソワ一世の後を継いだフランス王アンリ二世の懐に逃げ込んでいる。むろん、年額千二百クローネの俸給付きである。つまり、彼は帝国とハプスブルク家に敵対するフランス王国の傭兵隊長となったわけである。それでいてほとぼりが冷めると、帝国に舞い戻り、あげくには平然と皇帝と和解しいったんは没収された領地の返還を勝ち取っている。そして晩年は掻《か》き集めた財産に囲まれのんびり回想録などを書きながら、悠々自適な生活を二十年近くにわたって送り、一五七七年、八十一歳の生涯を思うさま終えたのである。

翻ってフルンツベルク。卒中病は異郷の地、フェラーラでの病床に彼を一年以上にわたって縛り付けることになる。彼はその病床から皇帝カール五世の弟でその代理をつとめるフェルディナントのもとに自らの困窮を訴える手紙を出した。後に兄の後を継いで一天万乗の君、神聖ローマ皇帝に昇ることになるフェルディナント一世のことである。

高貴な人は汗をかかないと言われる。妄《みだ》りに心が動くことがないからである。こうしてフェルディナントもフルンツベルクの掛け値なしの心情を切々と認《したた》めた手紙にけっして心揺さぶられることはなかった。そして彼はあたかも、卒中の連隊長にはもはや用はない、と言わんばかりにフルンツベルクの手紙を黙殺した。これはフルンツベルクの死のわずか数週間前のことであった。

一五二八年夏、フルンツベルクは重病のまま故郷に運ばれる。故郷のミンデルブルク城到着の八日後の八月二十日、彼は五十五歳で死んだ。まさしく「死ぬ者貧乏」を地でいく死に様であった。

第5章…理想を妄信して現実に殺された純真な老将の物語

ティリー将軍肖像

応仁の乱から約一五〇年、大坂夏の陣を経て、日本の天下統一事業は完成する。これとほぼ同じ時期、ドイツでは三十年戦争をもって、マクシミリアン一世以来、約一五〇年にわたるハプスブルク家の悲願であった天下統一の夢は最終的に潰《つい》えた。これと同時に、皇帝の霊威によりカトリックの光が世界を遍く照らすことを一途に念じ、その強固な信念に殉じた一人の老将の天晴れ勇猛果敢な益荒男《ますらお》ぶりとその数々の武勲は、神をも恐れぬ凶行に転落し、老将は世の指弾を浴び、汚名にまみれることになる……。

孝ならんと欲すれば忠ならず

我ら貢《みつ》ぎをカイザルに納めるは、宜《よ》きか、悪しきか、納めんか、納めざらんか

と、パリサイ派とヘロデ党の面々はイエスに問うた。

ところでこの両者はふだんはいがみ合っていた。すなわちパリサイ派は国粋主義で、ユダヤのローマ帝国からの政治的独立を狙い、ローマ皇帝への税金不納同盟まで作っている。一方、ヘロデ党は親ローマ派である。ユダヤは「ローマの平和《パックス・ロマーナ》」の恩恵に浴し、国内の安定と繁栄を享受すればよく、パリサイ派のように人種、民族、国家といった、ある特定の集団にしか通用しない「文化」に拘泥するあまり、万人にとって都合のよい便利なローマ「文明」をいたずらに拒否することはない、というのが彼らの政治信条である。こんな肌合いの極端に違う両者が手を結び共通の敵イエスに奸計《かんけい》を仕掛けようとしたのだ。

つまり、この問いにイエスが「納めよ」と答えれば国粋主義のパリサイ派が、イエスはローマにしっぽを振る非愛国者だと弾劾する。逆に「納めるな」と言えば、ヘロデ党の出番で、イエスを反逆者としてローマ政府に告発するという段取りであった。人間というものの弱さを知り尽くした巧妙な作戦と言ってよいだろう。

しかしイエスは落ち着いて、

カイザルの物はカイザルに、神の物は神に納めよ

と答えた。

このときイエスの様子は「梢《こずえ》の葉一つ動かさない喬木《きょうぼく》が、晴れた青空にすっきりと立った姿のごとく」（矢内原忠雄『イエス伝』）であったという。

しかし、それにしても当意即妙と言うべきか。いずれにせよ、俗世の善悪の彼岸に立つ預言者にして初めてなし得る答えであろう。何しろイエスは無人の荒野を歩いているのだ。すべての既成価値は彼にとってあってなきがごとしなのである。人を様々に縛り付けるしがらみに絡めて小股を掬《すく》う技は彼には通用しない。かくして、イエスを二律背反に陥れようとする「罠は破れてわれらは逃れた」（詩編一二四の七）のである。

しかし、人とはこの世の彼岸に立つこと能わぬものである。人はたとえば、忠ならんと欲すれば孝ならず、孝ならんと欲すれば忠ならず、と絶えず何らかの二つの対立項に一つ身を引き裂かれ煩悩に苦しむものである。とりわけ、神と世俗の絶対矛盾はときとして、ある種の人々の心理に鋭い亀裂を走らせ、彼らをして底知れぬ悩みにのたうち回らせることがある。

さて、話は十七世紀ヨーロッパ。ここに一人の武将がいる。このヨーロッパ戦国時代と言

ってもよいドイツ三十年戦争（一六一八〜四八年）の猛将ティリーは多くの人々のように神とカイザルの対立に悩むことはなかった。彼はやすんじて神とカイザルに忠誠を誓うことができた。なぜなら彼にとって神とカイザルは遠き古代ローマ帝国時代のユダヤとは違い、けっして相対立するものではなかったからである。もちろん、ここで言う彼の神とはユダヤの神ではなくローマ・カトリック、そしてカイザルとは神聖ローマ皇帝である。

確かにキリスト教世界では神の代理人であるローマ教皇が世俗の長である皇帝の頭上に帝冠を授け、キリスト教世界の結集を皇帝に委ねることになっている。従ってローマ教皇と皇帝が相争うことなどあり得ないはずであった。しかし、それはあくまでも建て前に過ぎない。むしろ、両者は互いに激しくしのぎを削る関係であった。

皇帝と教皇の血みどろの戦いがヨーロッパ中世史を彩ってきたと言ってもよい。三十年戦争のつい百年前、皇帝カール五世が教皇クレメンス七世の背信に激怒して差し向けた教皇懲罰軍のしでかした身の毛もよだつ「ローマ略奪《サッコ・ディ・ローマ》」（一五二七年）がそのいい証拠である。そしてこの両者の関係は宗教改革によりプロテスタントという共通の敵が現れた以後でもけっして修復されることなく、今ではかなり狭くなったカトリック世界の中で互いにいがみ合ってきたのである。

こんな状態にある神とカイザルに何の心理的軋轢《あつれき》もなく等しく忠誠を誓うことがはたしてできるのだろうか？　しかし、本章の主人公である将軍ティリーにはそれができたのである。

それはティリーが忠誠を捧げる対象は彼が生きた時代の神の代理人、ウルバヌス八世、同じく世俗の長、フェルディナント二世という生身の教皇個人、皇帝個人ではなかったからである。彼が全身全霊を委ねたのはローマ・カトリックの聖性、より正確に言うと聖母マリア信仰であり、絶対の忠誠を捧げたのは皇帝の人格を超えた霊威であった。

しかし、このように抽象化された信仰と忠誠の対象も現実の世界では結局は教皇個人、皇帝個人の人格が担うものである。聖性、霊威と現実のギャップ。これがティリーを悲運の将軍に仕立て上げたのである。

大僧正の恋

ブルグントの小貴族の家系に生まれたティリー将軍の軍人としての振り出しはスペイン王の軍務であった。つまりはかのカール五世の庶出の外孫であるパルマ公ファルネーゼの「軍事学校」でティリーは軍人としてのイロハを叩き込まれたのだ。その後の彼の軍歴を語るのは三十年戦争の前哨戦でもあるケルン戦争あたりからで十分だろう。しかし、それにしてもこのケルン戦争の発端は愚劣極まるものであった。

ケルン大司教。広大な司教領を掌《たなごころ》に載せる教会領主であり、七選帝侯の一人でもある。選帝侯といえば選挙帝政の神聖ローマ帝国（ドイツ王国）では皇帝選挙権を持つ大大名であった。しかし、仮にも聖職者なのだからカトリックの掟により司教位の世襲はあり得ない。

司教選出は司教座聖堂参事会員の選挙による。したがって大司教の代替わりのたびに、皇帝をはじめとする有力諸侯が次男、三男あるいは縁故者を送り込もうと熾烈な選挙戦を繰り広げることになるのだ。

さて、トリーア、マインツ、ケルンとライン川沿いに点在する聖職選帝侯領を結ぶ街道を別名「坊主大路」という。この大路はライン左岸を占領しライン川を自然国境にしようと目論むフランス、そうはさせじとイタリアのヴァルテッリーナ谷から領地ネーデルラント（現在のオランダ、ベルギー）に至る生命線を死守せんとするスペイン・ハプスブルクと、ドイツの枠を超えた国際的な戦略の重要路であった。そしてドイツ国内の宗教対立。ドイツ北部に位置するケルンのまわりはプロテスタントの海。プファルツ、ザクセン、ブランデンブルクと在俗選帝侯がプロテスタントに靡《なび》いたいま、カトリックにとってケルン選帝侯領とはけっして手放してはならない拠点であった。それだけにケルン大司教選出選挙もいっそう熱が入るのだ。

一五七七年の司教選挙では意外にも伯爵家ふぜいのゲープハルトが最有力候補であったバイエルン侯の次男坊を一二対一〇の僅差で破り、大司教に選出された。これにはこれ以上のバイエルン侯の勢力増大を嫌った皇帝側の思惑が働いたと言われている。ともあれ、ややあってローマ教皇からケルン司教座聖堂の世俗的権利及び収入を認める証書が届く。様々な特典も改めて認められる。ゲープハルトは晴れてケルン大司教猊下並びに選帝侯殿下に収まったというわけである。

これだけならば、どうということはない。ダークホースが勝ちを制しただけである。ところが、晴れて大司教猊下に収まったゲープハルトが柄にもなく恋をした。畜妾《ちくしょう》司教などはその当時はゴマンといたのでこの手の話はそう珍しくもない。しかし、相手の修道女アクネス・フォン・マンスフェルトは伯爵家の姫君である。実家は借金だらけだが妾奉公《めかけ》などとんでもない。しかも筋金入りのプロテスタントである。父伯爵や兄たちがやいのやいのと言ってくる。

ゲープハルトははたと困った。そして決断する。結婚する！　カトリックを捨て、プロテスタントに改宗する！　事実、愛に生きる大司教猊下は一五八二年十二月十九日、公式に改宗を宣言した。十三歳でカトリック教会のヒエラルヒーを昇り始めてから二十二年目のことであった。ケルン大司教ゲープハルト猊下は翌八三年二月二日、伯爵令嬢アクネスと華燭の典を挙げた。プロテスタントはこの勇気に快哉を叫ぶ。収まらないのはローマ教皇、皇帝、バイエルン侯らをはじめとするカトリックである。こうして、世に言うケルン戦争が起きた。まず、教皇がゲープハルトの大司教位剝奪大勅書を発布。これを受けてカトリックの参事会員はかつての大司教選でゲープハルトに敗れたバイエルン侯の次男を新大司教に選出する。とはすなわち、バイエルン侯家が前面に出てくるということだ。そして同家はすかさず兵を集める。対するにプロテスタントのプファルツ選帝侯家がゲープハルトを支援する。

事はバイエルン家とプファルツ家との戦いとなる。プファルツ側はドイツだけでなくフランス、スイスからも兵を集める。それだけでなくスペインから独立したばかりのネーデルラント共和国、果てはイギリスのエリザベス女王にまで支援を求める。だからといってこれらの国がそれではと直接介入したわけではない。それゆえ戦争はケルン周辺の局地戦にとどまり、バイエルン家が勝利した。

しかし、大きな禍根を残した。ゲープハルトは一時、ネーデルラント共和国に逃げたが、彼は「一片の領地も一銭の金も共和国に持ってこなかったが、その代わりこの上なく価値ある権原をもたらしてくれた」（ロッセン『ドイツ人名辞典』）のだ。「権原」とは、行為または権利の主張を正当化する法律上の原因を意味する法律用語である。いずれにせよ、これにより諸外国はまだまだ疲弊していない豊かなライン地方を荒し回る口実を手に入れたのである。

やがてドイツは三十年戦争に突入するが、それはケルン戦争にすでに見られたようにドイツの内戦にとどまらず、最初から国際戦争の様相を帯びていた。その意味で気楽な破戒坊主が引き起こしたケルン戦争はまさに三十年戦争の前哨戦となったのである。そして三十年戦争によりドイツはいつやむともしれない戦いと凶作、疫病、兵の略奪に見舞われる。一説によるとドイツの人口は半減したといわれている。まさに、地獄図絵。

もちろん、この災厄の遠因が大僧正の恋にあったといえば、それはゲープハルトに少し酷すぎる。彼はそんな破天荒な人物ではなかった。確かに飲酒癖があり、女好きで、放埒《ほうらつ》であったが、どうってことはない、当時としてはごくごく普通の坊主であった。それゆえ自分の恋の行方に何があろうとも別に頓着などしなかった。

やがてゲープハルトは恋女房アクネスと手に手を取り、シュトラースブルクに逃げ、いけしゃあしゃあと同地区の聖堂参事会会長に収まり、ケルン戦争で負った莫大な借金の上にさらに借金を重ねながら死んだ。墓碑銘に曰く、ここに眠る者は「不純な聖職者独身制度よりも、至高の尊厳の宗教的真理である結婚の神聖さを選んだ」。いい気なもんである。

オカルト将軍のエートス

このケルン戦争の時、ティリーは二十四歳。見習い士官として自ら槍を手にして中隊の先陣を切り、憎むべき破戒坊主軍を蹴散らしている。裏の要因はともかく表向きには戦争の大義名分はカトリック側にあった。戦うティリーには一点の曇りもなかった。その奮戦ぶりはまさに「我、地に平和を投ぜんために、来れりと思うな、平和にあらず、かえって剣を投ぜんために来れり」（マタイ伝第十章三十四節）であった。しかし、そのティリーの槍にかかって斃《たお》れた兵士たちは哀れである。彼らが狩り出されるもとを作った破戒坊主のあの墓碑銘は彼らの死を嘲笑しているようでもある。

ともあれ、かつてシーザーがその忠誠心を褒《ほ》め称えたローマ軍の百人隊長のように勇猛果敢に戦ったティリーはその後、栄進を重ねる。

そして一六〇五年、皇帝ルドルフ二世により皇帝軍元帥に任命される。戦地はハンガリー、敵はトルコ軍である。しかし、この恐ろしい敵オスマン・トルコとの戦いのさなか、ティリーは皇帝ルドルフとその弟マチアス大公の間に起きた史上名高い『ハプスブルク家の兄弟喧嘩』に巻き込まれることになる。

ところで、皇帝ルドルフ二世。ハプスブルク家きっての変わり者である。帝は宗教改革で乱れに乱れた帝国とさらには世界全体を「知」によって和合させようと本気に思っていた節がある。しかも帝の言うその世界和合の手段である「知」とは神秘諸術、ヘルメス学であった。それゆえ「ルドルフの円卓」に集う騎士は錬金術師、占星術師、魔術師等々ばかりで、帝が帝都と定めたプラハは「魔法の街」となった。つまり皇帝は政治的にはまったくの無能であったのだ。オーストリアのシェイクスピアと謳われた十九世紀の劇作家グリルパルツァーは戯曲『ハプスブルク家の兄弟喧嘩』の中でマチアス大公をして「歩く道も、なす行為も、使う手段もすべてが中途半端でぐずぐずためらい、焦るだけだ。これがわが家の呪いだ」と言わしめているが、この呪いを一身に受けているのが皇帝ルドルフ二世であったのである。

皇帝がこんな幻想的な夢に浸っている間、現実は容赦なく進む。異教徒オスマン・トルコの厭きることのないヨーロッパ侵攻である。この強敵と直接対峙しているのが帝の弟マチアス大公である。覇気鋭く、そのぶん野心家である。大公は「長いトルコ戦争」の司令官として戦地ハンガリーに陣を構えていた。しかも大公はハプスブルク世襲領総督として世襲領内におけるプロテスタント貴族の叛乱にも手を焼いていた。

かくなる上はハンガリーすべてを失う前にトルコと和平を結ぶしかない、それが過酷な現実なのである、と大公は決意した。むろん、その裏では無能の兄帝から実権を奪うべく、ハンガリー、モラヴィア（ボヘミヤの一地方）の貴族たちを手なずけることもおさおさ怠らない。大公は対トルコ和平案をいつまでも珍奇な夢を見続ける兄皇帝に奏上すべくティリー将軍をプラハに派遣した。

さて、ここでティリーが皇帝への使者に選ばれたことは何を意味するのか？　ティリーの主は皇帝ルドルフ二世で、マチアス大公はその皇帝の代理である。しかし、ティリーは根っからの軍人である。生死をともにする武人の人的結合はどこまでも具体的、感覚的な人間関係となるものだ。そして彼は大公とともに強大な敵であるオスマン・トルコと戦ってきた。そして思ったのかもしれない。このような乱世には大公こそ皇帝にふさわしい、と。それが命の激しいやりとりを強いられる戦場においてティリーの肌にしみ込んだ生理となってもおかしくはない。

こうして、ティリーは大公と直接的な人間関係を結んだのだろうか？　皇帝ルドルフ二世は父帝から皇位を受け継いだとき弟たちに臣従の礼をとらせている。とはすなわち、その瞬間から弟大公の兄帝への謀反は大逆罪にあたることになる。それでも構わない！　大公のもとに馳せ参じ、あえてともに反逆者の汚名を受け、大公と運命を同じくするのだ！　と決意し、ティリーは皇帝への使者を自ら引き受けたのだろうか？

否！　断じてそうではなかった！

ティリーの忠誠体系には不思議なことに具体的、感覚的人間感情の入り込む隙はなかった。彼は直接的な人間関係を離れた非人格的で抽象的な皇帝の霊威に忠誠を誓うような人物であった。たとえ皇帝がルドルフ二世のように意志薄弱で無能であったとしても、皇帝位にある限りこれをけっして裏切らないというのがティリーのエートスであった。そしてマチアス大公はこのティリーの気質を十二分に知っていた。つまり、大公はティリーを兄帝のもとに派遣することで彼を厄介払いしようとしたのである。ティリーを戦地から引き離し、同時に彼が率いる皇帝軍を解散させるのが大公の狙いであった。

もちろん、ティリーもこの大公の狙いを先刻承知である。それゆえ彼はプラハで皇帝に奏上する。「弟君大公殿下の対トルコ和平案には陛下を弑虐《しぎゃく》たてまつらんとする謀り事が隠れております、けっしてお聞き届けになさらぬように」と。すでに忍び寄る憂鬱とアパシーにとらわれていた皇帝はそれでもティリーの懸命の説得に一度は樹《た》ち、マチアス大公に対トルコ和平案の拒否を通告する。その間、ティリーは急ぎ故郷ネーデルラントで自ら五千のヴァロン兵を募兵し、すぐさま皇帝のもとにとって返した。

だが彼の一時の不在は皇帝からすべての気力を奪っていた。皇帝は弟大公の圧力に屈し、オーストリア、ハンガリー、ボヘミヤの主権を弟に譲り渡してしまったのである。皇帝軍元帥としてのティリーの職務は終わった。

三十年戦争の幕開け

ティリーは皇帝のもとを辞し二年間の浪人生活を送る。このころ宗教改革は第三世代を迎え、カトリック、プロテスタント両者の争いも純粋な宗教論争よりも世俗の利益を賭けた鍔《つば》迫《ぜ》り合いとなってくる。それゆえ戦いの主役は僧侶ではなく皇帝、帝国諸侯となり、それにフランス、スペインの外国勢力、さらにはイタリア都市国家、そしてローマ教皇が一枚も二枚も嚙んでくることになる。鍔迫り合いを越えた本格的な泥沼戦争、すなわち三十年戦争はすぐ目の前にあった。

帝国内のプロテスタント諸侯はプファルツ選帝侯を首魁に新教連合（ユニオン）という軍事同盟を結ぶ。これに対抗してカトリック諸侯も負けじと旧教連盟（リーグ）に集結する。リーグのリーダーはバイエルン侯マクシミリアン一世である。

ティリーはこのバイエルン侯に乞われて旧教連盟軍の司令官に就任するのだ。時は一六一〇年、ティリー、五十一歳の年である。当時の感覚からすればすでに老将と言ってもいいぐらいである。この老将はバイエルン侯の要請を受けるとき律儀にも、今では名ばかりとなったお飾り皇帝ルドルフ二世に対し旧教連盟軍司令官就任の報告をしている。そればかりでなく彼は皇帝に次のようにはっきりと言明した。曰く、「小官は皇帝家に対して今まで通り、永遠に忠誠を誓うものであります。小官を必要と思し召しの折りにはいついかなるときでも全身全霊をもって皇帝家にお仕えする覚悟でおります」と。この言葉はティリーの忠誠の対象は皇帝ルドルフ二世個人にあるのではなく、あくまでも皇帝家にあったということを改めて教えてくれている。

そしてその後、皇帝はマチアス帝に代わるが、その治世は短く、やがてフェルディナント二世が帝位に就く。いよいよ三十年戦争の幕開けである。

三十年戦争はハプスブルク家の領するボヘミヤ王国の反乱で始まった。ボヘミヤ王国は十六世紀この方、代々、ハプスブルク家の当主、すなわち神聖ローマ皇帝に王冠を差し出している。ところが一六一八年、ボヘミヤのプロテスタント勢力は皇帝フェルディナント二世のボヘミヤ王廃位を宣言し、新教連合の雄、プファルツ選帝侯フリードリッヒ五世を新国王に選出した。皇帝家及び旧教連盟はただちにボヘミヤ鎮圧に乗り出した。ティリー率いる旧教連盟軍と皇帝軍のカトリック連合軍は一六二〇年、プラハ近郊の「白山の戦い」で、ボヘミヤ・プロテスタントとプファルツ選帝侯軍を完膚なきまで叩きのめした。

このカトリック連合軍の類をみない圧勝が実はかえって戦乱をドイツ全土に拡大させ諸外国の介入を招く元凶となったのである。つまり、皇帝はボヘミヤ反乱貴族に苛烈な粛清を行い、プロテスタントの反発を買った。さらにはプファルツ家より選帝侯位を剝奪し、その位を旧教連盟のリーダーであるバイエルン侯に与えたのだ。これに帝国諸侯はカトリック、プロテスタントを問わず一様に驚いた。皇帝にそんな権限があるのか？　皇帝は独裁政権樹立を狙っている！　このまま黙って見ていられるか！　戦い、の、準備だ！　と。

こうして、戦火はまずは、たった一冬だけでボヘミヤ王を追われ、「ボヘミヤ冬王」と蔑《さげす》まれたプファルツ選帝侯フリードリッヒ五世の本拠地ライン地方に飛び火した。ここでもカトリック軍の勝利である。

そして戦いの主役はやはりティリー将軍であった。ティリーの戦法はスペインの十六世紀の名将コルドバ考案のテルシオ隊形である。すなわち、長槍を構えた約千人の兵が方陣を作る。そしてその四周に数列のマスケット銃兵を配備する。ティリーはこの巨大な人間重戦車を駆使しプロテスタント軍を蹴散らしていく。彼はプロテスタント諸侯から「老狐」と恐れられる。

そうこうするうちに戦線は北ドイツに伸びていく。すなわち、デンマーク王クリスチャン四世が北ドイツのプロテスタント諸侯と手を結び、ドイツに侵入してきたのである。一六二五年のことである。

常勝将軍ティリーの行く手に翳《かげ》りが生じてきたのは、この頃からである。

最初に影をさしたのはカトリック軍内部に出現した強烈なライバルの存在であった。いかなティリーといえどもデンマーク王相手の戦いでは旧教連盟軍一万六千の兵だけでは心許ない。そこで彼はいまや選帝侯となったバイエルン侯を通じて皇帝に援軍を頼んだ。そのとき皇帝フェルディナント二世が送り込んできたのが史上最高の傭兵隊長ヴァレンシュタインであった。

ティリーとカトリック諸侯はヴァレンシュタインのとてつもない軍編成能力に唖然とさせられた。ヴァレンシュタインはいともたやすく五万、六万の兵を集めるのだ。傭兵たちは先を争ってヴァレンシュタインの募兵に応じる。ティリー軍の兵たちも、さらには将校クラスまでも厚遇に釣られてヴァレンシュタイン軍に鞍替えする者が後を絶たない。こうしてたちまちヴァレンシュタイン率いる皇帝軍は旧教連盟軍をはるかに凌ぎ、カトリック諸侯は皇帝の無言の圧力をひしひしと感じさせられたのである。

皇帝にそんな金があったわけではない。さりとてヴァレンシュタインにも金はない。その代わり彼は金のなる木を見つけたのだ。彼は「戦争は戦争によって栄養を摂《と》る」というすばらしい原理を発見したのだ。すなわち、占領地に大規模な徹底した軍税の網をかぶせたのである。それまで散発的に行われていた軍の略奪を組織的にかつ恒常的に効率よく行い、略奪という兵士たちの個人的凶悪犯罪を合法的収奪機構へと変質させたのである。

こうして、ヴァレンシュタインはいままで見たこともない大軍を率いることになる。カトリックの名将ティリーはいつの間にかヴァレンシュタインの風下に立たされてしまった。そして自らの才覚で兵を集めるヴァレンシュタインはしだいに専横が目立ち始め独断専行も辞さなくなってきた。ヴァレンシュタインは自らの主権を渇望したのである。彼は古い伝統の厚みによって聖別化されていた帝国諸侯に対抗しうる新しい軍人貴族階級を帝国に打ち立てようともがいたのである。

しかし、軍編成資金を旧教連盟の金庫に仰いでいたティリーにはヴァレンシュタインのような発想は無縁であった。確かに旧教連盟の支払いが滞ったときには、ティリーもやむなく軍税を課したが、それとてヴァレンシュタインの悪辣にはほど遠かった。つまり、ティリーはいまさらヴァレンシュタインのまねをする気がなかったのだ。むしろ、苦々しく思った。ティリーはあくまでも旧教連盟という組織に忠実であった。

ともあれ、デンマーク王はヴァレンシュタイン、ティリー両軍の前に敗れた。カトリック軍はまたもや凱歌を挙げたのだ。しかし、多くの禍根を残した。

帝国のあちこちにヴァレンシュタイン軍の軍税という名の組織的略奪に怨嗟《えんさ》の声が起こる。そしてカトリック諸侯もまたあまりにも肥大化したヴァレンシュタイン軍に不気味なものを覚えたのである。カトリック諸侯とて皇帝の独裁体制はもとより望んではいない。だがこのままでは皇帝の思うつぼである。

ところがである。その皇帝自身もいまや十万にものぼる兵を握り、皇帝に対してさえ不遜な態度をとるようになったヴァレンシュタインに秘かな危惧の念を抱き始めてきたのだ。カトリック諸侯はそんな皇帝の心の揺れを見透かして行動に出た。すなわちヴァレンシュタイン罷免要求である。

貪られる信仰と忠誠

このヴァレンシュタイン罷免要求を皇帝に突き出す相談のとき、バイエルン選帝侯をリーダーとする旧教連盟の首脳部はティリーを呼び出し意見を求めた。ティリーの答えは単純至極なものであった。皇帝陛下の御意が示されぬいま、「機は未だ熟さず」であった。

そしてその皇帝がデンマーク王撃破の余勢を駆って回復令を発布する。回復令とは要するに帝国の再カトリック化である。同時に帝国の絶対主義化であり、ハプスブルク家の全ヨーロッパにわたる覇権の確立を目指したものである。帝国諸侯は一様に拒否反応を示した。そして皇帝にこんな強権を発動させる気になったヴァレンシュタインの軍事力に怯えと憎悪の目を向けた。さらには当のヴァレンシュタインまでもこのあまりにも宗教色の強すぎる回復令に反対したのである。

ところが、ティリー一人は回復令の宗教的主旨に素直に深く心打たれるのである。フランスがカトリックでありながら公然とドイツ・プロテスタント諸侯に軍事費を供出していることに如実に示されるように、この戦争はもはや信仰を賭けて戦う純粋な宗教戦争ではなくなってきたのである。帝国内部では帝国の主権は皇帝にあるのか、それとも帝国諸侯の集まりである帝国議会にあるのかという問いを巡っての戦いであり、ヨーロッパ全体にあってはオーストリア・ハプスブルク家、スペイン・ハプスブルク家連合と、それに対するフランス、イギリス、オランダ、スウェーデン、ローマ教皇が絡んだ熾烈なヨーロッパの覇権をかけての争いであった。少し極論となるが、この戦争に仮に宗教色があるとすれば、それはすべての諸侯が教会領の莫大な財産を狙って戦ったという紛れもない事実ぐらいであった。このことはだれもが承知していたのだ。

しかし、ティリーは違っていた。彼にとってこの戦いは最初から最後まで宗教戦争であったのだ。彼は自らの勝利に神の意志を見る。そして神より授けられた勝利を真に実のあるものとすることが我が聖なる義務なのだと宣言する。ティリーは回復令を神の御心に適うものであると呼んだ。

プロテスタント諸侯はもちろん、バイエルン選帝侯をはじめとするカトリック諸侯、ヴァレンシュタイン、それにスペイン、フランス、オランダ、イギリス、それにひょっとしたらローマ教皇、そして回復令を発した皇帝自身までもが呆れ返ってしまった。将軍たるものは同時に現実的な政治家でなければならないのだ！　それがティリーともあろう者がただひたすらこんな無邪気な信仰だけで戦っているとは！　バイエルン選帝侯らの現実的な政治家たちはティリーを「甲冑を着た修道士」と嘲笑する。

そんな嘲笑の陰でティリーの主、バイエルン選帝侯は秘策を練る。

皇帝の回復令を骨抜きにするにはまずはヴァレンシュタインの罷免しかない。皇帝にこれを呑ませるには皇帝の嫡男フェルディナント三世のローマ王選出のときをおいて他にない。

帝国の皇太子の称号であるローマ王選出だけは皇帝といえども帝国法に則って行うしかない。そしてその選出は我が七選帝侯の権能にある。フェルディナント三世のローマ王選出とヴァレンシュタイン罷免！　バーター取引である。このような政治向きの話はティリーのような「甲冑を着た修道士」には皆目、わからないことだ。奴には戦争だけをさせとけばよい！　こちらは奴の無類の妄信と忠誠心と戦上手を利用するだけだ！　奴をヴァレンシュタイン追い落しの謀議から外すに越したことはない！

こうしてバイエルン選帝侯は今度はティリーに諮《はか》らず、他の選帝侯と結束し、皇帝の嫡男のローマ王無事選出を餌にしながらついにヴァレンシュタイン罷免を勝ち取ってしまったのである。時は一六三〇年八月。

ヴァレンシュタインが罷免された今、皇帝軍と旧教連盟軍のカトリック連合軍を指揮するのは「甲冑を着た修道士」ティリーをおいて他にはいない。

ティリーは我が身に与えられた崇高な使命に思わず打ち震える。このときティリー、実に齢七十一を数える。ふつうならば孫を相手に遠い昔の合戦話を聞かせて、老いをまぎらせるものだ。しかし、信仰と忠誠の力が彼を矍鑠《かくしゃく》とさせる。

ところが、生涯現役のこの老将にかのヴァレンシュタインに劣らぬ新たな強敵が出現した。しかも今度は敵陣営にである。スウェーデン王グスタフ・アドルフである。カリスマ的英雄グスタフ・アドルフはドイツ・プロテスタントの解放者として、あるいは憎むべき侵略者として三十年戦争に直接参戦してきた。

もちろんこの介入の背景には例によって複雑極まるヨーロッパ勢力図が絡んでいる。しかし、軍人は目前の敵と戦うだけである。ティリーはグスタフ・アドルフの快進撃を止めるべく、エルベ川沿岸の北ドイツきっての有力都市であり、プロテスタントの拠点でもあったマクデブルク市を接収しようとした。

三万の住民のうち死者二万五千、生き残った者はほとんど女性で性的陵辱の対象となった。街は紅蓮の炎を上げ、三日間燃え続けた。これがマクデブルク市攻城戦の結果である。人々は約百年前の「ローマ略奪」のことを思い出した。ここまで酸鼻を極めたのは一つには同市の頑迷すぎる徹底抗戦にあった。事実、同市を火の海にしたのは包囲軍ではなく、防衛軍の指導者で狂信的なファルケンベルクによる放火のせいであった。しかし、むろん世の批判は包囲軍の総司令官ティリー一身に集まる。ティリーはそれを甘んじて受け、グスタフ・アドルフとの直接対決に備えるのである。

その直接対決は一六三一年九月十八日午前九時、ライプツィッヒ近郊のブライテンフェルトで火蓋が切って落とされた。両軍総勢八万。ティリーが絶対の自信を持って配備した十七のテルシオ部隊はグスタフ・アドルフ軍に木っ端微塵に打ち砕かれた。

グスタフ・アドルフの採った戦法は以下のようなものであった。

兵三人で運べる四ポンド砲。千人につき十二門の大砲。槍歩兵二百の両隣に百名ずつのマ

住民の8割が命を失ったというマクデブルク市攻城戦の模様。
カトリック軍はこのプロテスタントの拠点都市に凄惨な攻撃を
行った。

スケット銃兵、さらにその前に百名の銃兵がつき、これらがT字型となる。騎兵も密集を組まない。五人の銃兵を台形に配備し、上辺の二人の兵は銃撃を終えると下辺にさがり、下辺の三人のうち二人が上辺に着く、こうして、発射速度が飛躍的に高まる。さらには小銃騎兵を揃える。

何もかもがティリーの度肝を抜く新戦法であった。老将ティリーは何が何だかわからぬうちに逃亡した。敗因分析あらばこそであった。

この三十年戦争最大の会戦での壊滅的敗北は皇帝フェルディナント二世を震撼とさせ、皇帝はヴァレンシュタイン再召還を決めた。ティリーは面目を潰した。しかもヴァレンシュタインが皇帝の足元を見て、なんだかんだと皇帝軍総司令官復帰を引き延ばしにかかると、皇帝は敗軍の将ティリーを中継ぎにし、再びグスタフ・アドルフに当たらせたのである。むろん、この中継ぎ軍にはグスタフ・アドルフの破壊的な新戦法に対抗しうる火器、騎兵、銃兵、そして戦術のコペルニクス的転回も何もなかった。

一六三二年四月十四日、ドナウ川支流レッヒ川を挟んでグスタフ・アドルフとティリーは二度目の決戦を行う。神はティリーを見放したのか、またもや敗北を喫する。そしてティリー自身は負傷を負い、逃亡先インゴールシュタットで無念の死を迎えたのである。

そして悪名だけが残った

シーザーを愛さなかったためではない、それ以上にローマを愛したからである。
（シェイクスピア、小田島雄志訳『ジュリアス・シーザー』）

とブルータスは「ブルータス！　お前もか！」に至った葛藤と苦衷をローマ市民に訴えている。ブルータスはシーザーに恩があった。二人は強い人格的関係で繋がれていたはずであった。それがシーザー殺害に加わる。これは恩人に対する反逆である。しかし、ブルータスは君主、恩人、上司に対する個人的忠誠と国家に対するそれとを区別し、「天下をもって公となす」論理によったのである。国家を選びシーザーを殺害する。これはブルータスにとって悲痛な選択であった。二律背反に責め苛まれた上での行動であった。

翻ってティリー。彼は死に至るまで「天下をもって公となす」という一元的価値観に生きた。カトリックが世界を遍く照らさねばならない！　そのためには教会の最高の保護者である皇帝の霊威のもとに世界が結集しなければならない！　これが彼の生涯賭けた信念《クレド》であった。そして彼は武人であった。武人とは「いたずらに剣を帯びているのではなく、神に仕える者として、悪を行う者に怒りをもって報いるのである」（ローマの信徒への手紙）。神の国の防衛という聖戦において武人は戦うことで神に奉仕するのである。

従ってティリーは我が身一つが二つに引き裂かれるような迷いはなかった。無理にも迷おうとはしなかった。皇帝の霊威が現実と合致していないことも、非人格的で抽象的なその皇帝の霊威を生身の身体で担ったルドルフ二世、マチアス、フェルディナント二世がどんな人物であったかにも彼はいっさい目をつぶった。彼は頑なに現実を見ようとはしなかった。見れば彼を支えてきたものが音もなく崩れるのだ。インゴールシュタットで死に行く彼の瞼に映ったものはあくまでも皇帝の霊威によってカトリックが遍く照らされる世界でなければならなかった。さもなければ、武人としての彼の五十年にわたる戦いとその死が何の意味をももたらさず、彼はまさしく犬死したことになってしまうのだ。

だが、歴史は残酷である。ティリーの死後、まもなくグスタフ・アドルフとヴァレンシュタインはそれぞれ戦死、暗殺という非業の死で三十年戦争の舞台から消え、戦争はひたすら戦争のための戦争に陥ることになったのである。

そしてこの泥沼戦争はティリーが生涯賭けたあの信念《クレド》を全否定することで初めて終息できたのである。すなわち、ヨーロッパ世界に多数の正義を並立させるシステムの構築であった。こうして、ウエストファリア条約によりカトリックとプロテスタントの並立、帝国の四分五裂の確定がなされた。帝国は事実上の死亡診断書を書かれたのである。

そして一足先に死んだティリーに残されたものは「あのマクデブルク市の破壊者、正義の弾も届かないサタンの仲間」という悪名であった。人によればティリーの責任とされているマクデブルク市の全焼は、かのナポレオンによるモスクワ大火に匹敵する悪行とさえなっている。

第6章…籠の鳥となった錬金術師の物語

半端な才能のおかげで終生

錬金術師ベットガーを訪ねるアウグスト強健侯

「王侯たる者は、お金のサーキュレーション機関とならなければならぬ」と言わんばかりに湯水の如く金を使う。こうして一七世紀、一八世紀と、眩《まばゆ》いばかりのバロックの饗宴に酔ったドイツ諸侯は、軒並み篤《あつ》い金欠病に冒される。その特効薬はただ一つ。無から莫大な黄金を産み出す錬金術である。諸侯はこぞって錬金術師を探し求めた。しかし錬金術師といえば胡散《うさん》臭い人物ばかりである。その中に一人の真面目な錬金術学徒がいた。その真摯《しんし》さゆえに彼は思い悩み、あげくには黄金の夢を食い続ける一匹の破天荒な獏《ばく》に食い殺されてしまう……。

血の香る白い黄金「古伊万里」

十九世紀末ウィーンの典雅な詩人ホーフマンスタールは叙情詩『二人』の中で、杯を捧げ持つ貴種とおぼしき女性の顔を「彼女の顎と口はその杯の縁に似ている」と表現している。杯の綾なす輪郭線。その一片の濛気《もうき》もない簡潔で意味深い輪郭線に放恣《ほうし》とつつましさの見事な調和を見るとき、その女性の貴なる美しさが鮮やかに浮かび上がってくる。そして彼女の捧げ持つ杯を古代の眠りから醒めた年代物と解することもできるが、これが近世の作であっても少しもおかしくはない。しかも白と青の涼しげな配色ならば言うことはない。千数百度の高温に耐え白く青みがかって美しく発色した白磁器だ。仮にこの叙情詩の舞台をウィーンとすればこの杯はアウガルテン窯、いや、もっとさかのぼってその源であるウィーン窯製かもしれないのだ。

そのウィーン窯の成立は一七一八年、当時のヨーロッパ王侯貴族がこぞって中国、日本の白磁器の妖しい魅力に心奪われていた頃のことである。とりわけオランダの東インド会社がもたらす古伊万里《こいまり》。どうにも手がつけられない逸品であった。むろん法外な値がつく。ある王侯などはその小さな皿一枚を手に入れるために何と近衛兵数人を売りに出したほどであった。

そこで王侯たちは考える。オランダの白磁器独占販売を打ち破れ！　いやそれよりも何よりもこの蠱惑的《こわくてき》に過ぎる白をここヨーロッパで、しかも我が領地で何とか産み出すことができないものか！　こうして、以来、血の滲み出るような努力と試行錯誤を繰り返してようやくウィーン窯が成立したと書けば、それは嘘になる。歴史はそんなに清々しいものではない。

ところで、ヨーロッパ人を魅了した古伊万里の歴史は我が豊臣秀吉の朝鮮侵略に始まる。肥前《ひぜん》この何の大義名分もないまるで強盗行為のような無益な戦に狩り出された大名の一つ、鍋島《なべしま》藩は陶工李参平《りさんぺい》を連れて帰国した。李参平は鍋島領内で白磁鉱を発見し、古伊万里が生まれた（一六一六年）。藩はこの「白い黄金」の製法を門外不出とし、他藩に秘密を漏らしたものは死罪に処すと、陶工たちを厳重な監視下に置いた。もちろん他藩も黙って指をくわえて見てはいない。あの手この手と秘密を探り出そうと隠密まで送り込んでくる。白磁器の放恣とつつましさの見事な調和の陰で人間の欲と欲とのすさまじい暗闘が繰り広げられていたわけである。

ウィーン窯もこれと似たような経過で成立したのだ。つまりハプスブルク家は当時ようやくヨーロッパで初めて完成した白磁器の製法を陶工もろとも盗んだのである。それではどこから盗んできたのか？

こゝは四方《よも》の壁に造り付けたる白石の棚に、代々の君が美術に志ありてあつめたまひぬる国々のおほ花瓶《はながめ》、かぞふる指いとなき迄並べたるが、乳《ち》の如く白き、瑠璃《るり》の如く碧《あお》き、さては五色まばゆき蜀錦《しよつきん》のいろなるなど、蔭になりたる壁より浮きいでて美《うる》はし。

森鷗外の『文づかひ』の一節である。この小説は鷗外のザクセン体験をもとにしている。したがって主人公小林大尉がザクセン国王に謁見したのは王都ドレスデンのツヴィンガー宮殿となる。大尉が目にしたようにザクセンはヨーロッパ随一の陶磁器の産地である。そして「この国のやき物は東洋のを粉本《ふんぽん》にしつといへど、染《そめ》いだしたる草花などの色は、我邦《わがくに》などのものに似もやらず」と大尉が感嘆したのは言うまでもなくマイセン焼であった。

そう、ウィーン窯はこのマイセン焼を盗むことで成立したのである。

そして鷗外のザクセン滞在の約百五十年前に、ドレスデン駐劄《ちゆうさつ》オーストリア大使の策謀により陶工ともどもマイセン焼の秘法を盗まれたのはザクセン選帝侯アウグスト二世（当時ザクセンはまだ王国に昇格していない）であった。

アウグスト二世といえば古伊万里の小さな皿一枚を近衛兵数人と交換したあの王侯である。美しき物に心奪われるからといってその心が美しいとは限らない、とはこの一例をもってたちどころにわかる。むしろこのアウグスト侯は「悪しき心を持ちて美しき物を愛《め》でる」典型であった。美しい物だけではない、要するに目につく物は何でも欲しがり、かつそれを強引に手に入れてしまうとんでもない我儘《わがまま》気儘な王侯であった。

アウグスト侯、一説によると庶子四百というのだから、話半分にしても我が徳川十一代将軍家斉《いえなり》も真っ青な精力絶倫男であり、馬の蹄鉄をいともたやすく指で押し潰したという。そのため、付いた異名が「強健侯」である。しかし、何よりも、その貪欲な強欲ぶりこそがまさに強健そのものであったのである。

強健侯アウグストのこの強欲さは兄が嫡男を儲《もう》けず他界し、彼に選帝侯位が転がり込んできた頃から歯止めが効かなくなってきた。まずは選帝侯位では物足りぬ、とくる。どうしても王の位が欲しい。殿下ではなく、陛下と呼ばれてみたい。どこかに王冠が転がってないかしらん、とあたりを見回したところ折りよく、ポーランド王が空位となっている。一六九六年、ポーランド王ヤン三世ソビエスキが死にポーランド王位は空位となったのだ!

童話作家アンデルセンは子供たちに中国の物語を話して聞かせるときに「中国という国は王様が中国人で、それに傅《かしず》く百官もまた皆中国人というお国柄なのですよ」と枕をふったという。「へー、それじゃたとえば僕たちの国の王様が僕たちと同じ言葉をしゃべるということになるのか、ふーん」、とヨーロッパの子供たちは目を輝かせてそのエキゾチックな話に聞き入った。つまりヨーロッパでは列強は別にして多くの王国では王様はだいたいがよその国からやってきたのだ。王が自ら君臨する国の言葉を解さないことは別に珍しくなかったのである。特に辺境諸王国にその傾向が強かった。これは王権の原初の姿である荒ぶる外来王というのではない。そんな神話めいた話ではなく、もっと切実で功利的な外来王話である。

辺境諸王国ではたとえば世襲王朝が途絶えると、土着大貴族間の反目が烈しく、だれが王になっても収拾がつく見込みがなく、かといってこのまま争いが続くと隣国につけ込まれることになる。そこで大貴族たちは保険をかけるようにヨーロッパの強大な君主一族のだれかを王に据えて自分たちの特権の維持を図ったというのが近世外来王の姿である。したがって世襲王制ではなく選挙王制の形をとることになる。

ポーランド王国も一五七三年、フランス王アンリ三世をヘンリク王として迎えて以来、一七九五年のポーランド分割まで十一人の選挙王を戴いてきたが、そのうちポーランド土着貴族が王位についたのはわずか三人に過ぎなかった。

それならばこの俺様がポーランド王になってもよいはずだ、とアウグスト侯は思い詰める。もちろん対抗馬はいる。ブルボン家のプリンスである。王位を巡るすさまじい金権買収選挙となった。なに、その資金は領民から絞り取ればよい。問題はポーランド王はカトリックでなければならないことだ。もちろんザクセンはルター派の牙城である。だがこれもアウグスト侯にかかってはすらすらっと答えが出てくる。改宗すればよいのだ。侯は「余は神の定めにより普遍的ローマ・カトリック教会の懐にわが身を委ねることを決めた」と、家の宗教をあっさり棄てた。周囲の反対に耳を傾ける気などてんからない。こうして侯はブルボン家を蹴落とし、晴れてポーランド王となった。

しかし、王冠はおもちゃになっても王位はそうはいかない。ザクセン選帝侯国は殿様がポーランド王にもなったおかげでたちまちのうちにロシアのピョートル大帝とスウェーデンのカール十二世の間の北方戦争に巻き込まれてしまい、あげくにはスウェーデン軍に大敗を喫した。このときスウェーデンより突き付けられた賠償金三千五百万ターラーがザクセン領民に重くのしかかったことはいうまでもない。

強健侯アウグストはそれでも懲りずに王冠の次の愛玩物に目を転じる。侯はこれみよがしな壮大無比の大バロックを司るにふさわしい王冠を頭上に載せてザクセン領内に自分ただ一個の幻想世界を現出させることに執念を燃やすことになる。

およそ四半世紀前のグランド・ツァーで見聞したフランスのベルサイユ宮殿。この絢爛《けんらん》豪華な世界こそがアウグスト侯がすべてを賭けても悔いぬと堅く念じた最終目標であったのだ。

こうして王都ドレスデンを一変するほどの大改造が始まる。何しろルイ十四世太陽王の向こうを張るにはドレスデン城はあまりにも狭すぎたのである。まず市壁に沿った囲い地は祝祭広場に化粧直しをされた。次に愛妾《あいしょう》コーゼル伯爵夫人のためにタッシェンベルク宮殿が建造される。そしてドレスデンを流れるエルベ川の向こう岸にある旧ドレスデンを新しい王都に大々的に作り替えた。そこにある日本宮殿は王個人の私邸となった。さらにはユービガウ城、ピルニッツ城も拡張された。狩猟館モーリッツブルクも絢爛豪華に装いを新たにした。

しかし、これでは金がいくらあっても足りない。領民からの税金と、ザクセンの精鋭の兵を部隊丸ごと戦争中の他国に高く売りつけるという忌まわしい戦争商売の上がりだけではとても追っつかない。どうしたらよいか？

そのときアウグスト侯が思いついたのは歴代のザクセン選帝侯がむなしく追い求めてきた錬金術である。だれか腕の優れた錬金術師はいないか？

すると都合よく一羽の窮鳥がアウグスト侯の懐に飛び込んできたのだ。「窮鳥懐に入れば猟師これを撃たず」というが、侯は確かに、この窮鳥を撃ちはしなかったが、厳重極まる籠の鳥とし、日夜、責め苛み、ついにはほとんど自殺と変わらぬ非業の死にまで追い詰めた。

ヨーロッパ錬金術事情

この哀れな窮鳥の名をベットガーと言う。

ヨハン・フリードリッヒ・ベットガー。彼はドイツ南部のチューリンゲン地方シュライツで生まれた。生年については二説ある。シュライツの教会記録簿によると一六八五年二月五日である。記録者はこの日が日曜日であったことを強調している。一方、ドレスデンの日本宮殿にある胸像の署名には一六八二年二月四日となっている。ここでは多くの研究者にならって署名説を採ることにする。

父は貨幣純度検査官でベットガーの生年にこの世を去っている。寡婦《かふ》となった母は幼い彼を連れてドイツ北部のマクデブルクに移住し、そこで測量技師ヨハン・フリードリッヒ・ティーマンと再婚する。ベットガーはこの義父より数学、築城術、打ち上げ花火の技術を叩き込まれた。亡父は貨幣純度検査官。義父は測量士で花火にも造詣が深い。いかにも化学的色彩の濃い環境に育ったことになる。当時は疑似科学と精密科学の分離がまだ始まったばかりで未分化の部分が多く残っていた。とりわけ、化学の分野はそうであった。おまけにベットガー自身が選んだ職業が薬剤師である。この貨幣の純度、火薬、薬剤のアマルガムが彼を何に駆り立てたのかは容易に察しがつく。つまり錬金術であった。

ここで錬金術について少し触れることにする。

旧約聖書、『創世記』の一節にまでさかのぼる伝説的起源は別にして、西洋錬金術の歴史的紀元は西暦紀元前の数世紀と見てよいだろう。すなわち、アリストテレスの時代だ。アリストテレスと彼の注釈者たちは物質の本性を質量と形相と捉える。質量は物の本質で形相とは物をその物として特徴づける性質である。鉄は錆に変化するが、この変化の中で持続するのが質量、変化するものが形相、というわけである。この考えを徹底的に押し進め、錬金術の根本原理はできあがる。錬金術は「さまざまな無限の形相をとることができるただ一つの究極的な質量」（テイラー、平田寛他訳『錬金術師』）に到達する術であった。そうすればたとえば銅の形相を取り除いた究極の質量に金の形相を導入することが可能なのだ。それではどのようにしてその金の形相を導入するのか？

時は移って八世紀。当時の世界の実学センター、アラビアの錬金術師ゲーベルによれば、すべての金属は土、水、気、火の四元素からなり、この四元素の性質たる、乾、冷、湿、熱の比率の違いで種々の金属に分かれる。すると、本来、自然が長い時間をかけて行ってきたその比率の違いを人間が操作できればお望みの金属を創れるということになる。それには「ただ一つの性質を持つ『純粋な四元素』をつくることだ」（『錬金術師』）。ゲーベルは後に錬金術の世界では賢者の石と呼ばれることになるこの純粋な四元素を求める操作に蒸留を提唱した。こうして実学の地アラビアで蒸留方法と化学が飛躍的に発展したのである。今日、蒸留装置のことをふつう、アラビア語起源のアランビックと呼ぶのもこのことの現れであろう。ともあれ、このギリシャ発アラビア経由の錬金術はやがてヨーロッパに戻ってきて、多くの錬金術師は化学的な方法によってふつうの物質から金を得ようとせっせとふいごを吹いたのである。

その間、錬金術哲学も精緻を極める。何しろ金という至純の金属を人工的に創り出す術である。不完全なものを完全なものに変成する、つまりは至高の存在を追求するのだ。心やましきものにはなし得ぬ技なのだ。錬金術哲学は「低次の金属を高次の金属に変えるという物質変容の過程に、獣性をもって生まれてきた人間が霊性にめざめていく魂の鍛錬、練磨の過程の比喩を見る」（種村季弘『黒い錬金術』）のである。とりわけ、疫病、ペスト、農民戦争、宗教戦争そして三十年戦争と生きながらの阿鼻地獄を体験したドイツではこうした錬金術哲学は実験室を出て、坩堝《るつぼ》を棄てて、神秘的瞑想に浸り、世界救済観念に至っていく。

このような哲学的見地から見れば、錬金術は禁断の知識であり、あの強欲なアウグスト強健俣のようなよこしまな人間にはとてもなし得ない術である。しかし、この禁断の実はあまりにも神秘的に過ぎた。錬金術はその実用的精神を失い「経験という基盤を失い、今はただ良き時代の追憶を貪り続けているに過ぎない誇大で空疎な寓喩《ぐうゆ》と思弁の学になりさがってしまった」(ユング、池田紘一他訳『心理学と錬金術』)。

もちろん、この神秘的瞑想の旅を横目に見ながら、ごく単純に金属変成の理論を信じ、錬金術の実用的精神を失わず、実験室で坩堝《るつぼ》に火をかけるべく、せっせとふいごを吹き続ける錬金術師はそれこそ無数にいた。彼らを駆り立てたのは世界救済観念ではなく、黄金を手にしたいという至極健全なる人間の欲であり、金属変成の過程に魅せられた実験精神であり、ものづくりに覚えるたとえようのない法悦であった。そしてこの人間の欲と直に結びついた実用・実験精神は、デカルトがその原子論により錬金術の金属変成理論を完全に葬り去った後でも、多くの人々の心の中に力強く脈打ち続けるのである。ベットガーもまたその一人であった。

これが十七世紀末から十八世紀にかけてのヨーロッパ錬金術事情であった。

運命を狂わせた赤いチンキ剤

さて、ベットガーは十四歳の時、ベルリンのフリードリッヒ・ツォルン親方のもとで薬剤師の徒弟となった。彼は薬剤師の修行の傍ら、親方の目を盗んではパラケルスス、ルルスらの錬金術文献を読みふけり、夜中にこっそりと薬局の実験室で自ら小さな実験を試みる日々を送った。というのは親方は弟子が錬金術などという胡散《うさん》臭い術に手を染めることをひどく嫌ったからである。親方に言わせると、錬金術師という輩はたいていはおかしな行動に走り、哀れな末路を迎えるのが相場である。親方だけではない、ベットガーの義父もまた、奴等は盗人だと決めつけている。しかしベットガーは錬金術への興味絶ち難く、むしろますます病膏肓《こうこう》となっていく。

当時のベルリンには錬金術師がうようよといて、師には事欠かなかった。ベットガーはギリシャの修道僧で錬金術師として名が知られていたラスカリスから赤いチンキ剤（賢者の石）を手に入れた。そしてそのチンキ剤を使って彼は数人の目の前で約三二グラムの水銀を純金に変えて見せたのである。当然、このことが親方の耳に入る。親方は激怒する。徒弟期間が終わり、一人前の薬剤師として親方からお墨付きをもらえるかどうか瀬戸際の頃である。彼はただちに姿をくらました。

逃亡である。もちろん何の解決にもならない。ベットガーはただ逃げるだけであった。思えばこの逃亡という行為こそが彼の短い人生を哀しく彩ることになる。その後も彼は絶えず何かから必死に逃げ続けるのだ。だが結局は逃げ切れず、彼は自分が自分であることができないという非情の牢獄の中に押し込められてしまうのである。

ともあれ、この最初の逃亡劇の半年後、彼はベルリンに舞い戻り、「今後は身を慎み、薬剤師の仕事に打ち込みます」と親方に詫びを入れて、とりあえずは徒弟を無事修了させてもらった。

しかし親方へのこの誓いはすぐに破られる。ベットガーにはこの約束を端《はな》から守る気などなかったのだ。

一七〇一年六月、ベットガー十九歳のときである。今度は多くの証人を前にして彼は秘薬のチンキ剤を使って水銀、鉛、銀を見事、金に変えて見せた。やんやの喝采を浴びた。一躍、錬金術師として名前が売れた。だが先の逃亡事件からもわかるようにもともと気の弱い小心者である。このちょっとした名声だけを武器に後は口先三寸で王侯貴族から大金をせしめるようなタイプではけっしてない。彼は至極真面目な錬金術学徒であった。だからこそ彼は自分の成功にむしろ恐怖を感じてしまったのだ。そして「やったな、すごいぞ！」と皆に褒《ほ》めそやされるたびに彼は「ほっといてくれ！　確かに私は正しいチンキ剤を見つけることができた。だが、今後、私の生涯でそれを再び見つけられる保証などどこにもないんだ！」と弱々しく答えるのである。彼は自分の噂が広がることを極度に恐れたのだ。それはまるで錬金術師としての名声がこれからの自分の行く末に暗い影を落とすことになることを本能的に察知していたかのようであった。

だが人の口に戸は立てられない。ここは王都ベルリンである。噂の伝播力は並の街とは違う。ベットガーの噂はたちまちのうちにベルリンの王宮にまで伝わりプロイセン王フリードリッヒ一世の耳に入る。ちなみにこの王はプロイセン王国の開祖にあたる。

この初代プロイセン王は慢性的な金欠病に苦しんでいた。何しろプロイセン王国はできたてのほやほやで諸事、金がかかる。何といってもブランデンブルク選帝侯国をプロイセン王国に格上げするための運動費がとてつもなく高くついた。三十年戦争後半に帝国政治の檜舞台に躍り出て、あの未曾有な戦争の戦後処理を巧みに先導し、ブランデンブルク選帝侯国を帝国内の一等国に押し上げ、大選帝侯と謳《うた》われた父侯フリードリッヒ・ヴィルヘルムが残した遺産はたちまちのうちに底をついた。しかし、それにしても選帝侯位だけでは物足りず王位を渇望し、しかも帝国内の選帝侯国を王国に昇格させることで、その野望を達成させたのだから、このフリードリッヒ一世という人物はあのアウグスト強健侯に勝るとも劣らぬ相当な見栄っ張りということになる。

ところで、なぜブランデンブルク王国ではなくプロイセン王国なのか？　帝国内にはボヘミヤ王国というのがある。だがこの王国はあくまでもチェコ人の民族王朝ということになっている。そしてその王が神聖ローマ皇帝に臣従するという形でボヘミヤ王国は帝国に編入されたのである。その他には帝国内に王国はない。あとはすべてが法的には封主である皇帝に封土を安堵された帝国諸侯の領邦国家と帝国都市である。つまり「ドイツ民族の神聖ローマ帝国」内にドイツの一地方の名を冠した王国が存在することは許されないというのが建て前である。

そこでフリードリッヒ一世はスラブの一枝族であるプロイセンの名を借り、それを王国名にすることで何とか了解をとりつけようとしたのである。この一事からもわかるようにこの王国昇格は相当、無理筋な話であったのだ。当然、皇帝とウィーン宮廷への賄賂《わいろ》は天文学的な額となった。フリードリッヒ一世はどうということのない人物であった。ただ王になりたいという気まぐれが彼の名を歴史に残したのだ。そしてその見栄っ張りにつきあわされた領民たちは塗炭の苦しみにあえぐことになる。

さて、プロイセン王はベットガーの招喚を命じる。このことを知ったベットガーはどうしたか？　もちろん逃亡した。これが一七〇一年十月二十六日のことである。

金の卵を産む鶏は籠の中へ

ところが逃げた場所が悪かった。そこはザクセン選帝侯国領内のヴィッテンベルクである。それでも初めのうちはまだよかった。ベットガーは当地の大学教授キルヒマンに拾われ、彼はいったんは教授のもとで医学を志す気になれたからである。

一方、ベットガー逃亡を知ったプロイセン王は金の卵を産む鶏にまんまと逃げられるという失態を演じた役人たちを「この、うすのろめ！」と怒鳴りつけ、ただちに軍の将校を数人ヴィッテンベルク市に派遣し、ベットガーの引き渡しを市当局に求めた。そのときの交渉金は何と千ターラーであった。当然、ヴィッテンベルク市当局は怪訝《けげん》に思い、事の顚末《てんまつ》を首都ドレスデンに報告する。ここでアウグスト強健侯は逃亡者ベットガーの素性を知ることになる。ちなみに強健侯はこのときポーランド王陛下にも収まっており、プロイセン王に負けず金欠病の篤い病に罹《かか》っていた。

さて、そうと知ればザクセンとしてはおいそれとベットガーをプロイセンに引き渡すわけにはいかなくなる。ベットガーは医学どころではなくなってきた。彼自身の身柄はもはや彼自身の物ではなくなってきたのである。事はザクセン、プロイセン両国の高度にデリケートな外交問題に発展する。プロイセン王は当局に多額の賄賂や力ずくでの拉致をほのめかしたり、あるいはベットガーの毒殺犯罪や詐欺犯罪をでっち上げ、正式な告訴をしたり、そうかと思うと罪はいっさい問わないなどと言い、ともかく脅したりすかしたり、あの手この手を尽くすがザクセン側のガードは固かった。それどころかザクセン当局は強健侯の指令によりベットガーをさっさと首都ドレスデンに移送してしまったのである。

このときからベットガーの籠の鳥生活が始まる。そしてそれは彼の死まで続くことになるのである。

強健侯自らの細かい指示によるベットガーの軟禁生活はとりあえずは次のように始まった。

ベットガーと彼を見張る衛兵たちにだれも近づいてはならない。近づけるのは強健侯の寵臣ネーミッツただ一人である。床屋も彼の髭をあたることは許されなかった。窓を開けてもいけなかった。投身自殺でもされたら、元も子もなくなるというわけである。町中では心配ということで王宮内に監禁することにした。ここでようやくベットガーは庭と回廊を散歩することが許されたのである。

このときベットガーは一人の知己を得る。高名な化学者でガラス工場の経営者でもあったチルンハウゼン伯爵である。二人は欲得抜きの純粋な学問的好奇心で結びついた。自分をわかってくれる人が少なくとも一人はいる。このことを励みにベットガーは黄金を創り出すあのチンキ剤の研究に没頭した。だが、当然というか研究ははかどらない。成果は出ず、逆に莫大な金を喰うだけである。強健侯はしびれをきらす。ベットガーは焦る。そしてその焦りを酒に紛らせる。

一七〇三年六月、ザクセン選帝侯にしてポーランド王である強健侯アウグストは彼が政務を執るワルシャワにベットガーを呼びつけることにした。ベットガーは恐怖に駆られた。彼は監視の目を盗んでオーストリアのエンスに逃亡した。だが九月には再び捕われて、前にも増していっそう厳重な監視下に入れられたのである。おまけにベットガーという名も剝奪され、彼は関係者から「ヴィッテンベルク人」とか「モンジュール・シュレーダー」という暗号名で呼ばれるようになったのだ。

その後、彼はマイセンのアルプレヒト城、ケーニッヒシュタイン城塞と転々と収監所を移され、ドレスデンのユングヘルン武器庫に実験室を与えられることになる。この間、彼は一時も酒から離れられない身になっていた。はたして黄金を創る秘薬のチンキ剤はこの世に存在するのか？　すべては幻ではないのか？「おい、ベットガー、お前は余をけっして欺《あざむ》くでないぞ！　さもないとお前をすぐにも吊してくれるわ！」。この強健侯の恐ろしい言葉がベットガーの耳朶《じだ》にこびりついて離れない。迫り来る不安が彼をアルコールに逃亡させたのである。

死ぬ自由も奪われて

ベットガーがアウグスト強健侯に監禁状態に置かれて早くも五年の歳月が流れた。この間彼の唯一の理解者はあのチルンハウゼン伯爵であった。伯爵は化学者でガラス工場の経営者でもあった。まんざら錬金術に縁がないわけでもない。だが伯爵の関心はここヨーロッパで古伊万里に負けない白い良質の磁器を生み出すことにあった。そしてその白磁器製造の模索はガラスの技法をまねることに始まる。伯爵の研究はどうにか赤い陶磁器の創出まではこぎ着けた。あと一歩である。だがこの一歩は千里の径庭《けいてい》に等しい。伯爵はベットガーに幻のチンキ剤を求めるよりも白磁器の研究に打ち込むことを勧めた。もちろん、このことは強健侯の耳にも入る。

それでは強健侯はどうしたか？　確かに欲に目が眩《くら》んではいるが強健侯もそれほど馬鹿ではない。あるいはのっぴきならない財政難が強健侯をして金を手に入れるのにより確実な方法に目を転じさせたのかもしれない。錬金術という夢物語よりも白磁器の一手製造販売のほうが現実的である！と。こうして強健侯は陶磁器生産に触手を伸ばす。もちろん白磁器生産といっても古伊万里に匹敵するものはいまだヨーロッパにはなく、そう簡単にはできない。だが幸いなことに我が手にはベットガーがある！　しかし、どこまでも強欲な強健侯は錬金術を完全に諦めたわけではなかった。すなわち強健侯はベットガーに対していままでの錬金術と併行して白磁器研究にも当たらせたというわけである。

一七〇七年十月、ベットガーはドレスデンの赤土を焼き、固くて研磨が可能な磁器を作るのに成功した。しかし、「これはまだ東洋の透き通るような白いものではなく、日本でいう『ベンガラ』を含んだ土であったため、肌は赤黒いもの」（浅岡敬史『ヨーロッパ陶磁器の旅』）であった。しかもこの程度のものはすでにオランダ、イギリスでもできあがっていた。とても強健侯を満足させるものではなかった。

一七〇八年一月、ベットガーは白いつややかな磁器をついに産み出した。強健侯は色めき立った。そして一七一〇年、ドレスデンに磁器工房を作らせ、同年の六月にこの工房をマイセンのアルプレヒト城に移した。そして強健侯はやれ、カトリックの作業員は雇うな、やれ、工房員全員に秘密厳守の誓いをさせろ、やれ、だれも城には近づけさせるな、とうるさいことこの上なく矢継ぎ早に指示を出してくる。ところが、ベットガーはドレスデンに留め置かれた。研磨と色つけのためである。彼はときおり厳重な監視のもとドレスデンとマイセンを往復することが許されただけで相変わらず監禁状態にあった。

そのうちマイセンでもっと良質の赤土が発見され、さらにふとした偶然から白い陶土に行き当たった。いよいよマイセン焼が日の目を見るときがきたのだ。ライプツィッヒの展覧会に展示されたマイセン焼に全ヨーロッパは思わず声を呑んだのだ。

しかし、だからといってこれが即座に白い黄金になったわけではない。白くて光沢のあるマイセン焼が国庫財政を潤すには大量生産体制がなければならない。それにはまだまだほど遠かった。この体制を生み出すまで、ベットガーが晴れて自由の身になる日はやってこない。さらに彼には肝心の錬金術の任務が残っている。

ベットガーは監禁による精神的疲れと過度の飲酒がもとで体調に変調を来し始める。一七一三年、彼は強健侯に黄金創りの秘薬製造の成功はとてもおぼつかないことを告白し、自身の解放を訴える。「ならぬ！　なお、少しばかりの気晴らしに外出だけはこれを許す」、これが強健侯の答えであった。

しかし、強健侯という強欲の権化に魅入られて身体を蝕《むしば》まれたベットガーにとってその強健侯からの完全な自由以外に自身を取り戻せる道はないのだ。こうなればいかに強健侯とてけっして手の届かない場所への逃亡しかない。唯一の理解者チルンハウゼンも一七〇八年にこの世を去っている。彼は生きる気力をなくし始める。ただ飲酒の量が増えるだけだった。

一七一九年、ベットガーは死の床に就いた。己の果てしのない欲望を叶えてくれる黄金の秘薬が闇に消えかかる事態に激怒した強健侯は死に行く者の枕席に立ち、「貴様は余の与えた任務を果たしておらぬ！　死ぬことは断じてならぬ！」とすさまじい脅しをかけた。これが杯をあふれさせる一滴となった。ベットガーはたまらず、痙攣《けいれん》した。彼はお気に入りの弟子に向かって「どんな薬草も死の前には無力だ。私は行かなければならない。しかも、大きな罪を背負ったままに。だが私は神の許しを信じている」と叫んだ。

一七一九年三月十三日、ベットガーは死んだ。享年わずか三十七歳であった。強健侯の腹立ち紛れの指示だったのかどうかはわからないが、遺体は十日の間放っとかれ、その後、ようやく埋葬することが許された。こうして一つの秘薬から無数の黄金を創り出す見果てぬ夢に取《と》り憑《つ》かれた一つの時代精神を自分自身の苦悩と過誤によって自らの罪として背負い込んだ不幸な、哀しい人生が幕を閉じた（『ドイツ人名辞典』参照）。

緩慢なる自殺者として生きる

ベットガーが死んでもアウグスト強健侯のマイセン焼の商品化への執念はもちろん衰えることはない。実は、白磁器の発明はベットガーの方法を踏襲すればよく、大量生産体制の構築はいずれ片が付くことであった。問題はマイセン焼の商品化には欠くことができない絵付けである。その点、アウグスト侯は抜かりなく、ベットガーの死後、陶画家ヨハン・グレゴール・ヘロルデを雇い入れた。その後、森鷗外がザクセンで感嘆したように、マイセン焼がヨーロッパの他の白磁器を圧倒したのはこのヘロルデの絵付けによるところ大であったのだ。

1737～41年頃のマイセンの名作「白鳥のサービス」(原型)。

ところで、ヨーロッパの他の白磁器。冒頭に書いたようにウィーン窯の成立は一七一八年である。ベットガーが死んでからわずか一年しかたっていない。しかも、マイセン焼の陶工を秘かに連れ出してウィーン窯を造っているのだ。ウィーンだけではない。一七四〇年にはヘッヒストで、四四年、フュルステンベルク、四七年にはバイエルン選帝侯国のニュンヘンブルク、そして五一年、プロイセン王国の王都ベルリンで、と陸続と白磁器の窯は生まれている。それがほとんどマイセン焼からの技術流出による。要するに企業秘密漏洩《ろうえい》である。杜《ず》撰《さん》な管理体制としか言いようがない。アウグスト強健侯の敷いたあの厳重な監視体制はいったい何だったのだろうか？

ここで、一つ問いが浮かんでくる。なぜベットガーは逃亡できなかったのか？　またしなかったのか？　答えはとりあえずは二つ考えられる。強健侯の厳しい監視の目はベットガーただ一人に向けられていた。それともベットガー自身がアウグスト侯の途轍もない強欲さに金縛りにあい、存外いい加減な監視体制の隙をついて逃亡するチャンスをみすみす見逃してしまった。

どちらの答えを採るにしても、強健侯アウグストの本性が透けて見えてくる。つまり、強健侯の狙いはやはりあくまでも白磁器という「白い黄金」ではなく、本物の黄金を創り出す錬金術であったのである。

前述のように錬金術哲学が複雑、難解を極め、一般社会から孤絶したのと同じように、錬金術実践の場もまた次第に社会から孤絶した場所で行われるようになってきた。その場所とはふだんから黄金を見慣れ、それゆえにだれよりも黄金の美しさに憑かれ、惹《ひ》かれる人々が生息する場所である。すなわち、宮廷社会である。もともとヨーロッパ王侯貴族は貨幣経済の攪乱《かくらん》を恐れ、錬金術を社会を害するものとして善良な庶民がこれに近づくことを激しく禁じてきた。これに接触しうるのは錬金術師を強制し、制御し、命令し、もって国の富、つまりは自分の富を増やすことを己の崇高な義務とする王侯貴族だけであるのだ、と。

こうしてアウグスト侯はベットガーの出口を塞いだのである。ベットガーはベットガーとして生きることができず、飼い殺しにあった。彼が取り得た逃亡の手段は過度の飲酒という緩慢な自殺の他になかったのである。

ただ、放恣とつつましさの見事な調和を白地に青く顕すマイセン焼の名声は残った。

第7章…善良な田舎将軍の物語

愛郷と忠誠を負わされ潰れた

アンドレアス・ホーファー肖像

時は一九世紀初頭。ヨーロッパにナショナリズムが芽生える。しかし、辺境の寒村では昔ながらの地域愛郷心があるだけである。そして、この「おらが村」気質と帝国の中心に在《おわ》す皇室崇敬の念とが何のてらいもなく真っ直ぐ結びつくとき、近代ナショナリズムにも勝るエネルギーが生まれることもある。こうして一人の田舎紳士は「おらが村」とハプスブルク家を守るために軍神ナポレオンに独り、立ち向かったのである。むろん、そのたった一人の反乱はあっさり捻り潰される。それでも彼は何ら悔いるところがなかった……。

歴史に置き去りにされた人々

ご存じ、鉄の意志を持つ女、オーストリアの女帝マリア・テレジア。フランス王ルイ十五世の愛妾で国政を壟断《ろうだん》するポンパドール公爵夫人。とてつもなく広大で空漠とした大国ロシアに君臨する陰鬱な女帝エリザヴェータ。

この三人の女性を敵に回したためにプロイセンのフリードリッヒ大王は手痛い目にあった。「三人の娼婦め」と大王が痛罵した女性たち、とはすなわち、オーストリア、フランス、ロシア連合軍にプロイセンはあわや亡国の憂き目を見るところまでに追い詰められたのである。大王はこの時代、ヨーロッパの特徴となっていた女性と権力の癒着《ゆちゃく》に雄々しく立ち向かったのだが、ついにその堅牢さを粉微塵に打ち砕くことはできなかった。なぜなら女性と権力の癒着とは大王自身もそこに生きたヨーロッパ・アンシャン・レジーム（フランス革命以前の封建的な旧体制）の極限にまで成熟した政治的表現であったからである。

女性が権力の象徴である成熟した母系社会はまだしばらく続く。

まず母なる大地ロシアのエカテリーナ二世。彼女はドイツのどうということのない侯国に生まれながら、ロシアの女帝エリザヴェータの甥、後のピョートル三世に嫁す。矯激な夫がエリザヴェータの後を襲いロシア皇帝に即位するや彼女はすかさずこれを廃し、自ら帝位に就き、廃帝を殺害させる。そしてロシアをヨーロッパに近づけようともがいたあのピョートル大帝の衣鉢《いはつ》を継ぐ格好でついに彼女の新しい祖国ロシアをヨーロッパの強国に押し上げた。次いで、マリー・アントワネット。オーストリア・ハプスブルク家とフランス・ブルボン家との間で約二百年にわたって繰り返された死闘に終止符を打つためにウィーン宮廷からルイ十六世に嫁いだ彼女はたちまちのうちにヴェルサイユ宮殿の女主となった。彼女は母マリア・テレジアのたび重なる諫《いさ》めにいっさい耳を貸さずひたすら自由奔放に振る舞った。だが彼女が嫣然《えんぜん》と踊り狂った舞台とは実は「成熟と喪失」の間に張り渡されたそれであったのである。

そう、古き母系社会の成熟から喪失への転化はこのマリー・アントワネットという女性の生身に顕現された。つまり、女性と権力の癒着を象徴していた彼女がフランス大革命というパンドラの箱を開けたのだ。すべてがひっくり返り、これを収拾するには成熟した母系社会の外にある破天荒な力を待つしかなかった。

ここに王権の原初の姿である荒ぶる外来王伝説が蘇る。ナポレオンである。ヨーロッパは一人の異人の突然の闖入《ちんにゅう》に懼《おそ》れおののいた。彼が放つ凶暴なエネルギーに人々はひれ伏した。まさしく、この荒ぶる異人、ナポレオンは「漂泊放浪する異人として来訪し、死か追放によって外なる世界へと去ってゆく、原型としての〈王〉」(赤坂憲雄『王と天皇』)そのものであった。このナポレオンの出現によってアンシャン・レジームの成熟した母系社会が崩壊し、怒りの鉄槌《てっつい》を下す恐ろしい父が復権する。

さて、伝説とはおおむね後から紡ぎ出されるものである。すなわちあの荒れ狂うナポレオン時代に遅れてやってきた者たちが、遅れてやってきたことそのことを自分たちの飛翔のバネとすべく、狂おしくもナポレオンを恋い求め、ついにその目で見ることが適わなかった瞼《まぶた》の父ナポレオンを幻視するのである。とりわけ、フランス・ロマン主義。こうして、ユゴー、デュマ、バルザックらの文豪たちは自らの文学的パッションの源泉をナポレオンに求め、「われ、ペンのナポレオンたらん」という標語を掲げ、厖大《ぼうだい》な作品を書き散らしていったのだ（鹿島茂『パリの王様たち』参照）。

ここで文学の話に及んだので、事のついでにドイツのある作家に目を転じてみよう。彼もまたナポレオン時代に遅れてやってきた。というより、ナポレオンの同時代人である「ゲーテとその時代」に遅れてやってきたといったほうがこの作家の心情にはピタリとはまるだろう。名はカール・インマーマン。もちろん、ユゴー、デュマ、バルザックらの文豪には比ぶべくもない小粒の作家である。ただし彼はその長編小説『エピゴーネン』（一八三六年）によって一つの文芸用語を確立した。すなわち、このインマーマンこそが、単に「後裔《こうえい》」を意味するに過ぎなかったギリシャ語エピゴノイ（エピゴーネン）を「亜流」という蔑称語に転落させた張本人なのである。

「この小説のタイトルをエピゴーネンとしました。（略）先祖の労苦と汗したたる双肩の上に立っている我々の時代は、精神の過剰を病んでいます。我々は先祖たちの遺産の相続権をたやすく手に入れることができるのです。その意味で我々はエピゴーネンなのです。このことからまったく我々固有の衰弱が生まれてきます」とインマーマンは小説『エピゴーネン』の創作ノートらしき私信を兄に宛てて書いている。つまり、インマーマンにとっては遅れてやってきたことそのものがまさしく彼の原罪となったのである。

こうして、エピゴーネンという語はそのギリシャ語原義から転じ、蔑称語に堕ちた。ちなみにこの語が蔑称語として初めてドイツの辞書に登場したのは一八六〇年のことである。イギリスでは六五年、フランスでは七六年である。

ともあれ、かたや、「ペンのナポレオンたらん」とする気概。こなた、「固有の衰弱」に魂が食い破られるエピゴーネンの苦悩。つまり、ある一人の破天荒な人物に代表されるエポックメーキングの時代に遅れてやってきた者の反応は人それぞれというところだろう。

それではその時代に生きて、その時代に飲み込まれ、その時代の英雄に振り回され、挙句に歴史の虚空に置き去りにされた人物たちはどんな物語を紡ぎ出したのだろうか。

たとえば、ニコラ・ショーヴァンというナポレオン軍の一兵卒。彼は異常なまでにナポレオンに陶酔した。彼のナポレオン崇拝と祖国フランス礼賛は一直線に結びつきショーヴィニズム（熱狂的愛国主義）を生み落す。こんな形で歴史にその名を残した兵士ショーヴァンはもって瞑すべしかもしれない。

しかし、こんなショーヴァンとは別に、何とも割に合わない役を振り当てられた人物はそれこそ無数にいたはずである。

さて、インマーマンの戯曲に『チロルの悲劇』がある。主人公はナポレオンと同時代に生き、そしてそのナポレオンによって銃殺刑に処せられたチロルの愛国主義者アンドレアス・ホーファーである。本章はこの人物にスポットを当てることになる。

祖国なきハプスブルク帝国の愛国者

チロルといえばアルプスの山並み。現在は観光立国オーストリアのドル箱景勝地である。しかし、観光というバロックな一大産業が出現する以前はただ「頭ヲ巡ラセバ寒山峨々《がが》タリ」といった無闇と痩せた土地に過ぎなかったはずである。こういうところの農民はともすれば閉鎖的である。二、三の峠道を塞げば敵の侵入を容易に撃退できたので独立心も旺盛となる。「チロルの自立した農民」という言葉こそ彼らの誇りであった。真摯《しんし》にして粗野。これがチロル人気質であった。

このチロルにパッサイアーという険阻な谷間の地がある。この地の住民は皆一様にずんぐりした背格好で、その心情は著しくセンチメンタリックにして愚直なほど敬虔《けいけん》、そして夢見がちな性癖を持つという。

アンドレアス・ホーファーもまたそうであった。彼の生家は代々、宿屋を営み、そのかたわらワイン畑を持ち、馬の取引も手広く行い、さらには紋章を持つことが許されていたというのだから、言うなれば苗字帯刀の栄誉に与る土地の名家であった。父親の代で家産がだいぶ傾いたとはいえ、彼はときおり益体《やくたい》もない夢を見ながらも田舎の名士としてまずまずの生涯を送れるはずであった。ところがこんな名もなき寒村にもナポレオンの嵐が吹き荒れ、一介の宿屋の亭主の人生を大きく狂わせることになる。

ナポレオンとはオーストリア帝国にとって夜になると不気味に現れ人々を眠りから引き裂く妖怪であり、全ヨーロッパを不安と恐怖に陥れた怪物であった。オーストリアはこの怪物に連戦連敗の地獄巡りを強いられた。しかし、この屈辱の連続は奇妙なことに帝国のあちこちに多くの愛国者を生み、「我が祖国オーストリアを救え！」「侵略者に対して武器を手に取れ！」「義勇軍に参加を！」といった類の祖国防衛を訴える多数のビラが至る所に出回ったのである。

ところで、これがなぜ「奇妙なことに」なのか？　オーストリアとは数多くあるハプスブルク世襲諸領の緩やかな連合体であり、祖国という言葉がもっとも似つかわしくない帝国であった。「民族はたくさんいる。領地はたくさんある。しかしオーストリア民族はいない。オーストリア国家はない」（ヘルムート・アンディクス『オーストリアの百年』）。それゆえオーストリア帝国とは自然発生的に成ったものではなく、神に選び抜かれた一族ハプスブルク家が諸民族を束ねて造り上げた「精巧な作品」であった。「御身（＝オーストリアの名将ラデツキー将軍のことをさす）の陣幕にこそオーストリアがあり、我ら兵士にあらざるものは個々の瓦礫《がれき》に過ぎない」と劇作家グリルパルツァーが深く憂慮したようにこの帝国臣民には祖国がない。軍にオーストリア帝国があるだけである。しかもそのオーストリア兵士も祖国を持っていない。そのオーストリア帝国とはハプスブルク家のこしらえたものに過ぎない。だから「オーストリア兵士はただ一人の至高の大元帥を持っているだけである」（ガブレンツ将軍）。そしてその大元帥であるオーストリア皇帝フランツ一世は自分の弟ヨハン大公が対ナポレオン戦争のための祖国防衛隊創設を具申してきたとき、これをけんもほろろに退け、あまつさえ兵士に向かって「祖国などにではなく、朕《ちん》に忠誠を誓え！」と号令しているのだ。

こんなオーストリアに愛国主義者が陸続と生まれた。とりわけ、帝都ウィーンから遠く離れたチロルにおいてその傾向は顕著に現れた。中心の対極にある辺境にあればあるほど中心への思いはより純粋な形で培養されていくものである。この中心への熱き思いとは尊皇思想である。もともとチロルは「中世最後の騎士」と謳われたハプスブルク家中興の祖マクシミリアン一世以来、王党派の金城湯地であった。ここではチロル愛郷主義と尊皇思想が緊密に結びついていた。

ところが、ウィーンはこのチロルを見捨てた。

一八〇五年十二月二日、ロシア、オーストリア連合軍九万三千は、アウステルリッツ（現在のスロバキア領）においてナポレオン率いるフランス大陸軍七万一千の軍勢を相手に歴史的大敗北を喫する。戦線は一五キロに広がり、戦闘は九時間に及んだ。戦況はトルストイの

『戦争と平和』に詳しい。ともあれ、ナポレオンは敗者に容赦ない。オーストリアはチロルの割譲を余儀なくされた。しかもドイツにありながらナポレオンに与し、そのおかげで最近王国に昇格したばかりのバイエルン王国にである。

チロルの人々は激昂した。それは自分たちを裏切ったハプスブルク王朝に対する怒りだったのか？　否、断じそうではなかった。素朴なチロル農民の怒りの矛先は皇帝陛下フランツ一世にチロル割譲の悲痛な決断を強いたナポレオンに向けられた。そしてそのナポレオンの威を借りてまんまとチロルを手に入れた「死体剝ぎ」バイエルン王国こそがチロル農民の憎みても余りある敵となった。

宿屋の亭主が帝国公認指揮官に

チロルの片田舎の宿屋の亭主で熱烈な勤皇家アンドレアス・ホーファーは一七九六年以来、ハプスブルク家と郷土チロルの危機に自ら武器を取った。最初は銃兵として戦列に加わる。やがてその人好きのする性格で頭角を現し中隊長になる。そして一八〇六年、前年末のプレスブルク条約によりバイエルンへのチロル割譲のため皇帝政府の役人が同地を後にするとホーファーはこの皇帝家に置き去りにされた地域の中心人物の一人となる。彼はチロル総督であった皇帝の弟ヨハン大公が州都インスブルックを去るとき、大公を見送り、その道すがら、我らチロル人のハプスブルク家への忠誠心には一点の曇りもなく、むしろ前にも増して強まるばかりですと、大公に伝えている。

一八〇八年夏、ヨハン大公はアンドレアス・ホーファーをはじめとする数人のチロル指導者を秘かにウィーンへと呼び寄せた。バイエルン占領下にあるチロル蜂起計画の密談のためである。ヨハン大公はその開明的で気取らない性格で民衆の間では兄帝フランツ一世よりもはるかに人気を博していた大公である。その大公の御覚えめでたくウィーンに呼ばれたという事実はアンドレアス・ホーファーの故郷とその近隣での名声を揺るがないものにした。そして彼はこのウィーンでの密談後、故郷パッサイアーに帰り、反乱の準備を着々と進めるのである。

もちろん、このチロル蜂起計画はウィーン政府の内々の了承を取り付けてある。

皇帝フランツ一世はアウステルリッツ会戦敗北後に、とある寒村で行われたナポレオンとの会談での屈辱がいまだに忘れられないでいる。それは凍てつく寒さの中、野営の焚き火を前にして立ちっぱなしのまま二時間ぶっ通しで行われたものであった。いや、この会談は会談というにはほど遠く、もっぱらナポレオンの一方的恫喝《どうかつ》に終始した。その後、ナポレオンはここを先途と攻め続け、ついには神聖ローマ帝国の解体を迫ったのである。さらにはこのコルシカ生まれの成り上がり者は神に選び抜かれたハプスブルク家の宗主に対して「陛下がオーストリア皇帝陛下であられるのはひとえにフランス皇帝であるこの私がそれを容認しているからですぞ」とのたまったのである。このナポレオンの最後通牒に等しい暴言に栄光の歴史を積み重ねてきた我がオーストリア家はこのまま黙っていられるか！　これがウィーン政府内の空気であった。

こうしてチロル蜂起の計画は進んだ。

決起の日は神と皇帝と祖国のために一八〇九年四月九日早朝と決められた！

起《た》て同胞《はらから》よ！　怯《ひる》まず進め！

アンドレアス・ホーファーが故郷パッサイアーの住民に向けて発した檄文《げきぶん》である。ついにチロルは立ち上がったのだ。

同年四月十一日、ホーファー率いるチロル農民軍とバイエルン軍とがシュテルツィングの沼地で遭遇する。ホーファー軍の大勝利であった。この緒戦の武勲によりホーファーの名はたちまちのうちにチロル全土に鳴り響き、彼は祖国の英雄となる。

そしてこのチロル民衆の蜂起に勇気づけられ、オーストリア政府は正式に対ナポレオン戦を宣言する。これを待ってアンドレアス・ホーファーは次々と檄文を発する。そしてその文書に「皇帝家により任命された司令官アンドレアス・ホーファー」と署名する。この署名を見る限り彼はいまやチロル反乱軍の首謀者からオーストリア帝国のチロル方面軍司令官になったことになる。

しかし、それにしてもチロルの片田舎の宿屋の亭主が「皇帝家により任命された司令官」とはいかにも顕職に過ぎるというものである。ほぼ七百年近くヨーロッパに君臨してきた光輝溢れるハプスブルク家ともあろうものが、どこの馬の骨ともしれぬ男に皇統の運命を託すことがはたしてあり得るのだろうか？　大いに怪しむところである。しかし、少なくとも皇帝政府がアンドレアス・ホーファーの檄文の署名を黙認していたことは間違いない。そしてその黙認の裏には皇帝政府のそれなりの計算が潜んでいた。すなわちアンドレアス・ホーファーという人物のまたとない利用価値である。

つまり、武器を取る手もおぼつかないチロル農民が愛郷心とハプスブルク家に対する忠誠心とに突き動かされて果敢にもナポレオンに戦いを挑んだのである。これら農民軍を単なる烏合の衆に終わらせないためにはカリスマ的指導者が是非とも必要である。それにはアンドレアス・ホーファーがうってつけである、と皇帝政府は算盤《そろばん》を弾いたのだろう。

それではこのアンドレアス・ホーファーとはいったいどんな人物であったのだろうか？

インマーマンは戯曲『チロルの悲劇』の中でアンドレアス・ホーファーを眼光鋭く、勇猛心の固まりである英雄に仕立て上げている。しかし、真摯にして粗野、このチロル人気質に心情は著しくセンチメンタリックにして愚直なほど敬虔、そして夢見がちな性癖というパッサイアー村特有の気質を重ね合わせたところで、たちどころに一人の英雄像が浮かび上がってくるというわけではない。どこにでもいる人のいい田舎紳士がそこにいるだけである。インマーマンのホーファー像は作劇上の創作に過ぎない、と見ていいだろう。

ホーファーはチロル決起を呼びかけたとき、奴は傾きかけた自分の家産をこの機を捉えて再建しようと目論んでいるだけだ、と一部に心ない陰口を叩かれているぐらいだから、どこかに隙《すき》がある人物であったのだろう。とても眼光鋭い剛毅《ごうき》木訥《ぼくとつ》には思えない。いくつかの肖像画を見ても、そのずんぐりむっくりした体型に合わせて顔の造作もどことなく間延びしていて少しユーモラスでさえある。いやそうではなく、このような人物こそ鋭鋒を真綿にくるんだ傑物なのだ、という見方もできなくはないが、それを証拠立てる証言がどこにも出てこない。それどころか彼の同時代人ホールマイルによるホーファー評は散々なものになっている。

ここでアンドレアス・ホーファーを酷評したホールマイルについて少し触れなければならない。ヨーゼフ・フォン・ホールマイルはホーファーの同時代人のオーストリアの歴史家であるというだけにはとどまらない人物である。彼は実はチロル蜂起の陰の主役でもあったのである。ナポレオン憎しにこり固まっているこの政治好きの歴史家はヨハン大公の近くにいて日頃から何かと様々な具申をしていた。特に、ナポレオンによってチロルがバイエルンに割譲されてからというもの、彼は機会あるごとに大公にチロル反乱計画を強く迫っていたのである。先に書いたように、一八〇八年夏、大公はアンドレアス・ホーファーを含む数人のチロル人を秘かにウィーンに呼び、チロル蜂起の計画を打ち明けているが、その計画の起案者はこのホールマイルであった。そして一八〇九年四月十三日にヨハン大公がチロル住民に決起を呼びかけた檄文とそれに続く一連の文書も彼の草案によるのだ。そんな彼の著書の一つに『アンドレアス・ホーファー物語』がある。

この本でホールマイルは同志であるアンドレアス・ホーファーについてこんなふうに語っている。曰く、彼はあくまでも宿屋の亭主であり、ワイン商人と馬の仲買人に過ぎない。軍事的才能も行政能力もこれっぽっちもない男だ。彼は一度たりとも、行軍、突撃、待機の命令を発したことはない。要するにいま語り継がれているホーファーの英雄伝説はまったくのこしらえものに過ぎないのだ。そしてその伝説を造ったのは他ならぬこの私である。私はホーファーという人物を敵に対しては恐ろしいかかしに、純朴なチロル農民たちには偶像に仕立て上げたのである、と。

このように彼のホーファー評は、同じチロル蜂起の指導者になったハースピンガーやシュペークバッハーへの評価に比べてことのほか厳しいものであった。

しかし、ホールマイルのこの著書は全編通じて、要するに自分がチロル蜂起の真の指導者であり、その成功は挙げてこの自分の卓抜な計画のたまものである、という主張に貫かれており、後世の評判はあまり芳しくない。その厳しいホーファー評はホールマイルの彼への嫉妬の産物に過ぎない、と言う史家もいるくらいである。確かに男の嫉妬とは始末に負えないものである。それゆえ、ホールマイルのホーファー評価はだいぶ割り引いて読まなければならない。

そしてそのように大幅に割り引いて読むと、アンドレアス・ホーファーの人物像が鮮明に結ばれてくる。つまり、彼は確かにそのカトリック信仰とハプスブルク家への忠誠心と故郷チロルに対する愛郷心を人より多く持ってはいたが、要するにごくごく普通の人物であったのだ。ただ、胸まで波状に垂れ下がる豊かな髭が人目を引いた。まるでこの髭一つでホーファーは英雄に祭り上げられた、という史家もいるが、案外当たっているかもしれない。いずれにせよ、ごく普通の人物が英雄になった、あるいは英雄にさせられた悲劇がホーファーを襲ったのだ。

しかし、捨てられるチロルの民衆

さて、チロル蜂起は次のように推移した。

四月九日、チロルの民衆が立ち上がったときナポレオンはまだパリにいた。その隙をついてオーストリア軍はリンツを占領し、十二日には州都インスブルックを奪回している。十六日、ナポレオンが兵の集結のためにドナウヴェルトに向かっているとき、ヨハン大公がフリウリ・ヴェネツィア・ジュリアでフランス陸軍に編入されていたイタリア軍を破る。五月二十五日と二十九日と二度にわたりフランス、バイエルン連合軍はインスブルックの南のベルクイーゼルでアンドレアス・ホーファー率いる農民軍に撃破され、ついにチロル退却を余儀

ナポレオンの威を借りてチロルを奪ったバイエルンが破れ、その紋章がチロルを解放したハプスブルク家の紋章「双頭の鷲」に付け替えられる。

なくされている。

この一連の捷報《しょうほう》にウィーン政府は活気づけられ、政府部内は主戦論一色に染まったかに見えた。特に皇帝フランツ一世は狂喜乱舞し、五月二十九日にはチロル民衆に宛てて「朕は今後、かくまでも朕に忠実なチロルをオーストリア君主国から切り離すような和平条約はけっして結ぶつもりはない」という内容の宸筆《しんぴつ》を認《したた》めたほどである。

だが、ここまでであった。チロルでの一時的敗北など軍神ナポレオンにとってはちょっと蚊に刺された程度のものでしかなかった。ナポレオンは態勢を立て直し、怒濤《どとう》の如くウィーン目指して進軍してきた。五月十三日、ウィーン落城。皇帝フランツ一世は逃亡する。一歩遅れて救援に駆けつけてきた皇帝の弟カール大公軍はナポレオン軍とドナウ川を挟んで対峙する。カール大公は勝った。ナポレオンはこのアスペルンの戦いで、百戦百勝という不敗神話に一つの汚点を残すことになる。しかし、「アスペルンの勝者」、カール大公にはこの勝ちに乗じてナポレオンを追い詰める武器も弾薬も糧秣《りょうまつ》も事欠いた有様で、大公は結局は大魚を逃すことになる。

辛くも逃れたナポレオンはチロル情勢をしばらくそのままにして、オーストリア軍本体の壊滅を狙った。これが七月六日のワグラムの戦いで、オーストリア軍は敗北する。そして「アスペルンの勝者」、カール大公は兄帝フランツと対立しやる気をなくしてしまい、軍司令官を辞任する。

帝都ウィーンを奪われた皇帝政府では主戦論が一挙に冷め、一人皇帝の弟ヨハン大公が戦いの続行を主張するだけであった。大公にはチロル民衆のけなげな戦いに思いひとしおがあったのだろう。だが、こんな大公の動きも、最近、皇帝フランツ一世の寵臣に収まったメッテルニッヒ公爵に完璧に封じ込められてしまった。

彼、メッテルニッヒはフランス大使時代には主戦論の旗頭であったが、やがてその冷徹な目は彼我《ひが》の軍事力の圧倒的違いを見抜き、ウィーン宮廷が主戦論一本槍のときも終始、和平論を主張してやまなかった人物である。少なくともナポレオンの後背に日輪が輝いている限りはこれとはいっさい戦うことはしない、これがメッテルニッヒの信念《クレド》となった。彼は後に、この荒ぶる外来王の怒りを鎮めるには陛下の御姫君マリー・ルイーズにナポレオンへ御輿入《こしい》れ願うしかございませんと、皇帝フランツ一世に強く進言し、強引に事を進めたほどである。この彼の徹底した対ナポレオン恭順政策はチロル問題に関して次のような後日談を生んでいる。

すなわち、チロル反乱が鎮圧された三年後の一八一三年五月、あのホールマイルが再びチロル反乱を画策し蠢動《しゅんどう》し始めると、それを察知したメッテルニッヒは何とそのホールマイルを逮捕させたのである。

それはともかく、一八〇九年七月、こうして皇帝政府ではにわかに和平論が力を得ることになった。まずは休戦条約が結ばれなければならない。

一八〇九年七月十二日、チェコスロバキアのズノイモで休戦条約が結ばれる。とはすなわち、ハプスブルク家はまたもやチロル民衆を切り捨てたことになるのだ。

金の鎖と三〇〇ドゥカーテン

この休戦条約締結の知らせがチロルのアンドレアス・ホーファーに届いたのは八月九日のことである。

しかし、ホーファーはこれを信じようとはしなかった。否、信じられなかったのだ。ここで休戦が成立したと、いったいどうやって信じろというのか？ 皇帝陛下はかたじけなくも、朕は二度と愛するチロルの山々を見放すことはしない、と仰せになったではないか！ 一天万乗の君の御言葉に嘘偽りはない。あってはならないのだ。「綸言汗《りんげんかん》の如し」で、陛下の御言葉は真理そのものなのである。であるならばその真理を達成することが我ら臣民の務めなのだ。

もちろん、ホーファーだけではなかった。彼と行をともにしていたハースピンガーやシュペークバッハーらのチロル反乱の指導者たちもいまさら後には引けなかったのである。彼らは武器を置こうとはしなかった。こうして、チロル農民軍は休戦条約の知らせが届いた四日後、すなわち、八月十三日、ベルクイーゼルにおいてフランス・バイエルン連合軍を三度撃退したのである。

ホーファーは州都インスブルックに凱旋入城した。インスブルック市民は歓呼の嵐で彼を迎え、彼を最高司令官に推戴した。以後、ホーファーは自分の発するあらゆる文書に「チロル最高司令官」と署名することになる。そして彼は主のいなくなったインスブルック王宮に入り、同地の行政を司ることになる。

そして事がしばらくそのまま推移して、約二カ月後の十月四日、あのメッテルニッヒがオーストリア帝国外相に就任する。

これで、いよいよ休戦条約から和平条約締結と話は進むことになる。もちろん、オーストリアにとって前にも増して厳しい条件を突きつけられるのは目に見えている。メッテルニッヒは思う、この際、それもやむを得ない。ここは、たとえチロルという枝葉を切り捨てても、ハプスブルク家本体を守り抜くことが肝心であるのだ、と。

ところが、このチロル切り捨て論者メッテルニッヒが皇帝より外相を拝命したその日に、皮肉なことに、他ならぬその皇帝陛下からの贈り物がインスブルックのホーファーのもとに届いたのだ。

金の鎖と三〇〇ドゥカーテンである。

ホーファーは感涙に咽《むせ》んだ。陛下はやはりお忘れではなかったのだ。朕はけっして二度とチロルを見捨てるものではないぞ、というあの御言葉を！　かくも慈悲深き陛下の御恩に報いるには我が政務に励むしかない。皇帝陛下万歳！

ホーファーは皇帝からの贈り物、金の鎖と三〇〇ドゥカーテンを唯一の支えに「チロル最高司令官」としての任務に没頭した。最高司令官は同時に行政も司る。言うなればインスブルック市長でもある。彼はインスブルック王宮に陣取り次々に指令を発した。身なりも食事も以前と変わらず質素に過ごした。王宮内の広間にキリストの十字架とマリア像を掲げた。自分の像を刻んだ硬貨を発行した。ただし、その硬貨の銀含有量ははなはだしく少ないものであった。彼は宗教とモラルと秩序の維持に特に意を尽くした。そのために女性の服装にまで口を出し始めた。華美な服装を禁ずる命令を布告した。この、ややストイックな行政に当然の事ながら都人インスブルック市民は嫌気がさしてきて、しまいには、つい二カ月前にはあれほど歓喜して迎えた英雄アンドレアス・ホーファーを馬鹿にし始めるのである。

それでもホーファーは意に介さなかった。金の鎖と三〇〇ドゥカーテンは彼の心に、己の崇高な使命を果たせと、絶えず語りかけてくるのだ。こうして、彼は毎晩、幕僚たちとともに聖務共唱の祈りを行い、神と皇帝陛下が援軍を送り給うのを待ちに待ったのである。

しかし、皇帝フランツ一世の援軍はついにやってこなかった。その代わりにやってきたのは十月十四日に結ばれたシェーンブルン条約締結の知らせであった。この条約には間違いなくチロル割譲の一項目が割かれている。そしてこれにより、フランスの大軍がインタール、プスタータール、エッチュタールの三方面からインスブルック目指して進軍してくる。ヨハン大公はホーファーに無益な戦いをやめるよう、手紙で勧告するが、ホーファーはこれを受

皇帝フランツ1世からの贈り物、300ドゥカーテンの報賞金と
金の鎖を下賜されるホーファー。

け付けない。

十一月一日、チロル農民軍はこれまで三度勝利を収めたインスブルックの南のベルクイーゼルで今度はフランス軍に完膚なきまでに蹴散らされる。しかし、アンドレアス・ホーファーはそれでも諦めようとしなかった。なぜならホーファーは「決して将軍でもなく、政治家でもなく、ましてや外交官では毫《ごう》もなく、ただ信仰と曇りなき忠誠心と篤い愛郷心の男に過ぎない」(『オーストリアの百年』)からであった。ハースピンガーやシュペークバッハーら同志がついにチロルからの逃亡を決めたときも彼はとどまった。彼はチロルを去ることを断固として拒んだのだ。そしてあの金の鎖と三〇〇ドゥカーテンがそうさせたのか、彼はチロル独立の戦いを続行せよと叫び続けるのである。

ホーファーは故郷パッサイアーに身を隠す。そして最後には雪深いブランタッハ山地に逃れる。しかし、この人里離れた奥深い山地でも一五〇〇グルデンという金額は人をユダに走らせるには十分であった。ホーファーについた懸賞金である。ペーター・ラッフルという男が祖国の英雄を裏切った。ホーファーはついに捕えられたのである。

さて、皇帝フランツ一世の贈り物、金の鎖と三〇〇ドゥカーテンがフランスとの屈辱的和平条約締結直前にホーファーのもとに届いたのにはいったいどんな意味があったのだろうか? 実はよくわからない。そこで以下、勝手に推測してみたい。

まず、一八〇九年四月からのホーファーのめざましい武勲に皇帝フランツ一世は感打たれ、この忠臣を賞する品を下賜する。そしてその到着が何かの都合で遅れに遅れ、実に皮肉なタイミングでホーファーの手元に届いたということなのか？　あるいは、オーストリアがまたもやナポレオンに和平を請い、恭順を示さなければならない情勢に陥ったとき、皇帝はそれでも諦めきれず、和平交渉を進める重臣メッテルニッヒに諮《はか》らず、独断で秘かにホーファーに自分の意のあるところを示し、チロル反乱の続行をけしかけたのだろうか？

それともこうか？　ホーファーの動きはいまやナポレオンにとってうるさい蠅となっている。彼にとってこの蠅を叩きつぶすのは造作もないことだろう。だがその蠅叩きが勢い余ってハプスブルク家に累が及ぶことをメッテルニッヒは極度に恐れた。ここは何としても和平条約を結ばねばならない。ホーファーに下手に動かれては元も子もなくなる。ホーファーは名うての勤皇家である。こんな彼の動きを封じるには皇帝陛下の御下賜物で釣るに如《し》くはない。そこで、ホーファーよ、このかたじけなくも皇帝陛下よりの御下賜物をありがたく拝領し、これでもって矛を収めよ、という意味なのか？

いずれにせよ、碌《ろく》なものではない。御下賜物の輸送の遅れは噴飯物であり、和平条約締結の裏での反乱のけしかけにいたっては、真摯にして粗野なチロル農民の類を見ない忠義をとことん利用し尽くす魂胆が見え見えである。そして御下賜物で矛を収めよとは、チロル農民の神経を逆なでする、いかにも人の情の機微を知らないやり口である。

だが、ホーファーは金の鎖と三〇〇ドゥカーテンを下賜されたとき幸福の絶頂に上り詰めた。そして自分自身を空しくしてすべてを、この神と皇帝陛下の御意志に委ねることが自分の採るべき道であると哀しく誤解した。こうして、彼はナポレオンに抵抗に抵抗を重ねついに力尽きたのである。

届かなかった末期の言葉

アンドレアス・ホーファーがフランス軍に逮捕されたのは一八一〇年一月二十八日のことである。彼は逮捕後ただちにイタリアのマントヴァに移送された。そこで裁判を受けるためである。だが、その裁判は茶番であった。そのときミラノにいたナポレオンはホーファー逮捕の報を聞くや、すぐさま、囚人を二十四時間以内に射殺すべし、との指令を出していたのである。二月二十日、彼は処刑された。

この処刑から一月もたたない三月十日、帝都ウィーンではフランス皇帝ナポレオン一世とオーストリア大公女マリー・ルイーズの代理結婚式が執り行われている。要するに皇帝フランツ一世は荒ぶる外来王に我が娘を人身御供《ひとみごくう》として差し出すことでハプスブルク家の社稷《しゃしょく》を守ろうと図ったのである。

とはすなわち、ハプスブルク家は同家への絶対の忠誠心ゆえに処刑されたアンドレアス・ホーファーの死から何も学ぼうとはしなかったのである。ハプスブルク家は未曾有の危機に際して、女性と権力の癒着によって家を守るというあの成熟した母系社会の掟《おきて》にしがみつくだけであったのである。そして荒ぶる外来王ナポレオンはハプスブルク家の娘という、またとない土着の母系組織の娘を娶《めと》ることで、内に取り込まれてしまう。王権を簒奪《さんだつ》することでしか自分の正統性を主張できないはずであった外来王はこうして、異人の持つ凶暴なエネルギーを失い、やがて古き母系社会ヨーロッパの外に追放される。

外来王ナポレオンが追放されてヨーロッパは王政復古がなされたように見えた。だが、ナポレオンは自分を異人としてけっして受け入れようとしなかったヨーロッパにナショナリズムという病原菌を植え付けて外の世界に去ったのだ。そしてこのナショナリズムがやがて多民族王朝オーストリア帝国を滅亡に追い込むことになる。

私の血は無駄には流れない。チロルは再びオーストリアのものとなるだろう。

アンドレアス・ホーファーの処刑前の言葉である。確かにこの言葉通り数年後、「チロルは再びオーストリア」になった。しかし、ここでホーファーが言う「オーストリア」がオーストリア家、すなわち、ハプスブルク家そのもののみをさすのだとすれば、この彼の末期の言葉はずいぶんと虚しく聞こえないだろうか？

第8章…生真面目な芸術家の物語

悪口と酷評に縊死させられた

帝立・王立宮廷歌劇場の設計者ニル（右）と
ジッカルツブルク（左）

一九世紀末から二〇世紀にかけてハプスブルクは東欧多民族帝国の道を進んだ。「諸民族の牢獄」と陰口を叩かれながらも、この多民族帝国が維持できたのは六八年にわたって在位したフランツ・ヨーゼフ一世帝のおかげであった。帝の長命は中世で信じられていた超自然の不死なる「王の身体」が今の世に復活したかのようであった。帝は神格化され、帝の自然な死すべき「身体」が発する言葉は不死の重みを持たされた。そして帝は自らの感情を口にすることをやめた。かつての帝の一言が二人の生真面目な芸術家を死に追いやったからだ……。

帝が無口になったわけ

日本の平安時代は死刑が執行されることがほとんどなかった歴史上希有な時代であった。刑殺された者の魂が怨霊となって都に大きな祟《たた》りをもたらすことを極端に恐れたため、と言われている。そのためか、たとえ叛逆の罪でもたいていが、死一等を降してどこそこへの配流、遠島ですましている。そしてなるべく恩赦を行う。流刑地で無念のうちに死を迎えた貴人の怨念ほど恐ろしいものはないからである。望月の如く欠けたるところ一つもない最高権力者さえ、死者の怨霊がひとたび荒れ狂えば、その荒ぶる魂を鎮めるためにあちこちに神社を建立するぐらいしか他に手だてがなかった時代である（司馬遼太郎『街道をゆく』参照）。

平安貴族のこれほどのすさまじい怨みつらみは、彼らのどうしても抑えられないねたみそねみの感情から生まれている。事実、平安貴族ほど日々、嫉妬の虫に魂を食い破られていた人々はいない。彼らの全身を染め上げていたのは官位へのこだわりである。除目《じもく》（人事発令）のたびに繰り返される悲喜劇。まさに「除目の頃など、内裏《だいり》わたりいとをかし」（『枕草子』）であった。

こんな極端な閉空間においては嫉妬の炎による焼死のほうが法体系上の死刑よりもはるかに重刑であったのである。そしてその重刑はつねに天皇から下される。天皇の不親政形態が確立された摂関時代にあっても天皇に権威の光源を求めるシステムには変わりがなかった。

だとすれば、摂政、関白を置かず、天皇自ら政務を執り、後に「延喜《えんぎ》・天暦《てんりやく》の聖代」と謳《うた》われた醍醐《だいご》、村上両帝の御代には帝の御言葉は文字通り、千鈞《せんきん》、万鈞の重みを持っていたことになる。貴族はこぞって帝の御言葉に全神経を集中させる。御言葉がひとたび発せられれば、それは「綸言汗《りんげん》の如し」であったからである。

ところで、延喜・天暦の聖代は『古今和歌集』に代表される貴族文化興隆の時代でもある。この貴族文化を担っていたのは中流貴族の文人層である。なぜなら詩歌管絃こそが彼ら中流貴族にとっての唯一の処世術・昇進術であったからである。彼らは一門・一族の命運を賭けて歌を詠んだのだ。

九六〇年（天徳四年）三月末日、村上帝は内裏歌合《うたあわせ》を主催する。参加者は右方、左方と二手に分かれ、それぞれ歌を披露する。一組ずつ判者が批評を行い、勝ち負けを下す真剣勝負である。

ところが、次の二首、

恋すてふ我名はまだきたちにけり人しれずこそおもひそめしか（壬生忠見《みぶのただみ》）

忍《しのぶ》れど色に出でにけり我恋は物や思ふと人のとふまで（平兼盛《たいらのかねもり》）

は優劣つけ難く、あるいは持《もち》（引き分け）かとも思われた。

そのときである。村上帝がかすかに「忍れど」と口ずさむ。これで決着がつき、壬生忠見の歌は敗れた。しかし、問題なのはその負け方である。判者の判定ならば反論もできる。だが帝自身が好悪を示されたのである。つまり、壬生忠見の負けは罪、万死にも価するのだ。忠見はその後、にわかに衰弱し、息を引き取った（近藤みゆき「うた」参照）。

ここに一人の老帝がいる。「ここ」とは、我が延喜・天暦の聖代とは時と洋を大きく隔てたところである。時は二十世紀初頭、洋はヨーロッパ。ハプスブルク帝国の帝都ウィーンである。

この頃、ハプスブルク王朝はすでに七百年も連綿と続いていた。実に長い。その長さは、天命に背いた皇帝は斃《たお》れ、新たに有徳の士に天命が下るという中国の王朝交代・易姓革命説を優に否定し去るほどである。それはむしろ血統の優越性を王朝支配の正統性の中心に据える万世一系思想に近い。だからこそ、ハプスブルク帝国では二十世紀になっても、いまだに宗教的雰囲気に満ちあふれた「王の霊威」が帝国全土の隅々まで行き渡っていたのだ。それどころか、この二十世紀初頭、衰退していくハプスブルク帝国にとってこうした「王の霊威」こそが帝国崩壊を辛うじてくい止める唯一最後のものであった。老帝フランツ・ヨーゼフ一世はこのことをだれよりも深く知っていた。まさに帝国の運命は自分の生身の身体にピタリと重なっているのだ、と。

さて、皇帝は老いていた。事実、世のどの皇帝よりも老いていた。そして老帝フランツ・ヨーゼフ一世にとって老いるということは、皇帝たるものが「真実を口にするのは愚かしいことだと悟るだけ十分に長く」（ロート、中居実訳「皇帝、ひそかに窓を開ける!」）齢を重ねるということであった。こうして帝はいつの頃からか、「自分の賢明さを単純さの中に覆い隠した」（同）のである。

つまり、帝はひたすら自分を空しくしていったのである。帝の伝説は次のように伝えている。

帝は自分の助言者の具申がたとえ的外れなものであってもけっしてそれを口に出して言うことはなかった。大好きな狩猟のときでも、帝はちょうどお誂《あつら》え向きに自分の銃の前を走る獲物が前もって用意されていたものであることを百も承知の上で、その獲物だけを撃った。熱が出て身体がだるくても侍医が熱がないと言えば、その通りに振る舞った。自分のベッドの中に一匹のシラミを見つけたときでも、帝はそれを黙っていた（同）。

帝がここまで独創的に非独創に徹し得たのは一つには帝自身の類希なる強靱《きょうじん》な精神力の賜《たまもの》であった。

だが、むろんそれだけではない。帝にもさっそうとした青年皇帝時代、気力みなぎる壮年皇帝時代があった。しかし、その治世は失政の連続であった。帝の真実は常に事実の前に敗れ続けたのである。このことがしだいに帝をして、皇帝たるものが真実を口に出すのは愚かしいことである、と悟らせたのでもある。

そんな帝の数え切れないほどの失敗の一つに帝の不用意な一言がもたらした悲劇がある。このとき、帝の御言葉はウィーン宮廷という閉空間を突き破り、二人の善良な市民を死に追いやった。それは帝の壮年時代のことである。

環状道路時代の寵児

フランツ・ヨーゼフ一世の壮年時代は世に言う「環状道路時代《リングシュトラーセンツアイト》」に重なっている。一八五七年の降誕祭（十二月二十五日）の朝、『ウィーン新聞』は皇帝フランツ・ヨーゼフ一世の親書を全文にわたって掲載した。それによると、ウィーン市をぐるりと取り巻いている市壁を取り壊し、跡地となる広大な環状空間に環状道路と壮麗な公共建築物を建造するというのである。

ウィーンは東方世界への入り口に位置している。東方は異教徒の世界であった。とはすなわち、ウィーンはヨーロッパ・キリスト教世界の砦であった。とりわけ、十六世紀、東方の覇者となったオスマン・トルコがヨーロッパに牙を向けてからというものウィーンは難攻不落の堅固な城塞都市とならざるを得なかった。市壁は強固な堡塁《ほうるい》となり、その周囲には敵の大砲の砲弾距離を考慮した広大な斜堤が巡らされた。

以来、三百年、すでにトルコの脅威は去り、市民社会が成熟しようとしている。かつていくたびかウィーンを救ってきた強固な堡塁は、いまやウィーンののびやかな動きを封じる「石の衣」となってきた。皇帝の親書はこの石の衣を脱ぎ捨てる、と宣言している。都市大改造である。これはナポレオン三世治下、オスマン男爵の主導で行われたパリ大改造に匹敵する大事業であった。ウィーン市民はこの皇帝の大英断に拍手喝采する。

まさに大英断であった。あのウルトラ保守の皇帝がよくぞこれほどの決断を下したものだ、としか言いようがないものであった。思えば、この都市改造計画はフランツ・ヨーゼフ一世が在位六十八年の間に行った唯一の治績であった。確かに、ウィーン市拡張事業は後に泡沫会社時代というバブルな世相を産み落としはしたが、それはいつの時代でも建造ラッシュには付き物の現象である。ともかく、ウィーンは息苦しい石の衣を脱ぎ、軽やかに華やかに環状道路時代を謳歌し始めるのである。

早速、都市大改造の設計コンペが行われる。一八五九年九月一日、審査委員会は応募総数八十五の中から三つのプロジェクトを選び、賞を与えた。

その受賞作品の一つ、エントリー・ナンバー五九の設計コンセプトのモットーは次のようなものであった。

堪えよ而《しか》して捨てよ

知をひたすら実践に向けた古代ギリシャの哲学者エピクテトスの言葉である。しかし、それにしても、「苦難に堪えて、快楽を捨てよ」とは、新時代の幕開けを飾る言葉としてはいかにも華やぎに欠けている。よくぞ、この設計コンセプトが賞を獲ったものである。万事、派手なことが嫌いなフランツ・ヨーゼフ一世はウィーン市改造計画に賛意を示したものの、この計画の推進者である内務大臣バッハに対して、計画はほどほどにして、なるべく地味にするように、と希望を漏らしている。エントリー・ナンバー五九の受賞は、あるいはこの帝の意向を汲んでのものだったのだろうか？　審査委員会は、何、その地味さは他の二つの受賞作品で十分埋め合わせができる、と踏んだのかも知れない。

いずれにせよ、このモットーは作者の篤実な人柄を余すところなく示している。作者は二人の建築家である。エドゥアルト・ヴァン・デア・ニルとアウグスト・フォン・ジッカルツブルク。

そして、この二人こそが本章の主人公なのだ。

エドゥアルト・ヴァン・デア・ニルは一八一二年一月九日、父ヤーコプ・フリードリッヒ・ヴァン・ニルと母マリア・テレジアの第四子としてウィーンで生まれている。父は裕福な穀物卸売商で、生まれたばかりの男の子は何不自由ない生活が保障されていたかに見えた。しかし、両親はニル誕生後にまもなく離婚する。原因は母の不倫と言われている。つまり、ニルの実の父親は母の不倫相手、陸軍参謀本部少佐ルートヴィッヒ・フライヘル・フォン・ヴェルデンである、というのだ。ところが、後に元帥に出世するヴェルデンはニルのことを認知していない。真相は藪《やぶ》の中である。ただ一八五三年、ニルがグラーツに置かれた元帥の墓の設計をしたということ、さらには五五年に元帥の記念碑のスケッチをしたという傍証があるだけである。いずれにせよ、出生にまつわる噂と両親の離婚はニルの心に暗い影を投げている。まじめだが、傷つきやすい内向的な性格がつくられていった。

一方、アウグスト・フォン・ジッカルツブルク。一八一三年十二月六日、ブダペスト生まれ。父はオーストリア国立銀行の行員で、ジッカルツブルクはごく普通の家庭に育ち、気さくで社交的な青年となる。

さて、二人はウィーン高等工業学校、ウィーン造形芸術アカデミーでともに机を並べている。そしてこの肌合いの違う二人を緊密に結びつけたのは造形芸術アカデミーの卒業設計コンペであった。課題は商品取引所の設計である。二人はそれぞれの作品で賞を獲得した。副賞は政府奨学金による三年間の留学であった。二人はイタリア、フランス、イギリス、北ドイツと見聞を重ね、以来、生涯変わらぬ盟友となる。

やがて二人は共作による設計作品を次々に世に送り出す。二人が手がけたのはカール劇場、兵器廠、ウィーン最初のデパートであるハース館、他に様々な宮殿の設計と実に多岐にわたっている。そしてウィーン市拡張計画設計コンペの受賞作。

この都市拡張計画の設計コンペのとき二人はともに母校であるウィーン造形芸術アカデミーの教授となっていた。二人の教え子の一人に建築に実用様式を説いた近代建築の祖オットー・ヴァーグナーがいる。ヴァーグナーは後にジッカルツブルク教授から芸術家魂と実利の原則を、ヴァン・デア・ニル教授から製図のイロハを叩き込まれ、自分はアカデミーにおいて歴史的様式に隠された実利を学んだ、と回想している（ショースキー、安井琢磨訳『世紀末ウィーン』参照）。

ヴァーグナーの回想からもわかるように、二人の建築作品の共作は、コンセプトの構想はニルが練り、実践的部分はジッカルツブルクが担当するという役割分担がなされていた。この絶妙なコンビネーションで二人はウィーン建築界の押しも押されもせぬ大立者となったのである。

そして時はいままさしく環状道路時代の幕開けである。建築家の腕のふるいどころは至るところに転がっていた。

しかし、ウィーンだけではなくオーストリア内外のあらゆる建築家が熱い視線を注いでいたのは帝立・王立宮廷歌劇場の設計であった。環状道路沿いに相次いで建てられる壮麗な建物群の中では、何といってもこの宮廷歌劇場こそがもっとも華麗で、環状道路時代のシンボルとなるべきものであった。

かつて、モーツァルトやベートーベンがタクトをふるったケルントナー門劇場は市域拡大のために取り壊しが決まっている。事実、この劇場は一八七〇年四月十七日、ロッシーニの『ウィリアム・テル』の上演を最後に閉鎖されている。そして跡地にはホテル・ザッハが建てられることになる。それならば、音楽の都ウィーンにふさわしい新しい歌劇場を！　これがウィーン市民の悲願であった。

それでは歌劇場をどこに建てるか？　ホテル・ザッハと新しくできる環状道路の間の空き地に場所が選定された。すなわち、新宮廷歌劇場はリング（環状道路）に面し、行き交う人々にその偉容を示し、華やかな時代の幕開けを言祝《ことほ》ぐというわけである。それゆえ、爾来、歌劇場前《オペル》のリングはその名もオペル・リングと愛称されることになる。

一八六〇年七月十日、帝立・王立宮廷歌劇場設計コンペ開催が公告される。もちろん、ヴァン・デア・ニルとジッカルツブルクはこれに応募する。そしてこのことが二人の悲劇の引き金となったのである。

悲願の突貫工事

帝立・王立宮廷歌劇場の設計コンペには三十五の作品が応募した。

一八六一年四月二十日、審査委員会はエドゥアルト・ヴァン・デア・ニルとアウグスト・フォン・ジッカルツブルクの二人の共作を選んだ。二人の設計コンセプトを表すモットーは、結果はどうあれ、なすべきことをなせ！

であった。

この標語に見られるように二人は全身全霊を傾け、渾身《こんしん》の設計作品を生んだ。ただ「結果はどうあれ」は暗示的である。二人は早くもその「結果」をどこかで予感していたのだろうか？

ともあれ、ウィーン市民悲願の新しい宮廷歌劇場の建設は突貫工事で進められることになる。

一八六三年五月二十日には早くも定礎式が挙行される。そして六五年十月七日に、外装がほぼ整い、新しい劇場の外観がウィーン市民にお披露目となった。内装が完成するのは六九年春である。

一八六九年五月二十五日、総工費六〇〇万グルデン、客席数二三二四（ただし、最大三一〇〇まで収容可能）、建坪面積八七〇九平方メートルの帝立・王立宮廷歌劇場がついに完成した。

皇帝フランツ・ヨーゼフ一世臨席のもと開かれた柿落《こけらおと》しはモーツァルトの『ドン・ジョヴァンニ』であった。ところが、ウィーン市民のだれしもが待ち望んでいたこの栄えある儀式の場に歌劇場の設計者である二人の建築家、エドゥアルト・ヴァン・デア・ニルとアウグスト・フォン・ジッカルツブルクの姿はどこにも見られなかった。

それもそのはずである。二人とも宮廷歌劇場の荘重な落成式の日にはすでにこの世にはいなかったのである。

帝立・王立宮廷歌劇場の設計者。環状道路時代の建築家にとってこれ以上の名誉はない。ヴァン・デア・ニルとジッカルツブルクは羨望の的となった。

ところで、芸術家や知識人とは嫉妬深い人種である。むしろ、他人へのねたみそねみを自らのエネルギー源としていると言ってもいい。ましてや芸術と学問を統合する建築家である。いまや時代の寵児となったヴァン・デア・ニルとジッカルツブルクはすさまじい嫉妬の渦に巻き込まれることになる。

月桂冠を頭に戴いた二人の建築家への誹謗中傷は一八六七年秋、リングの前に新歌劇場の雄姿が現れた頃からかまびすしくなってくる。

批評家たちはいまだ建築途上の段階から、この建物を「建築上のケーニッヒグレーツ」と評した。

ケーニッヒグレーツとは一八六六年、オーストリア帝国がドイツ統一のヘゲモニーを争ってプロイセン王国を相手に乾坤《けんこん》一擲《いってき》の勝負に出て惨敗を喫した戦場である。ハプスブルク王朝はその結果、新生ドイツ帝国から叩き出され、帝国崩壊の一歩を歩み始めた。ケーニッヒグレーツ。オーストリア帝国にとってこれほど耳にするだけでも汚らわしく忌まわしい言葉はない。要するに、「建築上のケーニッヒグレーツ」とは、これ以上ない酷評である。そして二人の包囲網に、建築家というプロ集団の他に芸術通、音楽通を自負するウィーン市民が加わってきた。

ウィーン市民と言えば泣く子も黙る名うての芸術家殺しである。これまで、何人の作曲家、音楽監督、演奏家、歌手、劇作家、演出家、俳優、詩人、小説家が石もて追われる如くウィーンを去ったことだろうか。そしてウィーン市民はこれらの芸術家たちに去られて初めて自分たちの失ったものが実はかけがえのない宝物であったことを知るのである。この市民と芸術家の不幸な構図はいまに至るまで際限なく繰り返されてきている。

特に環状道路時代には、何しろ、環状道路沿いにいくつもの人目を引く建築物が建てられている。ウィーン市民としてはそれを黙って見ている手はない。新歌劇場の内装、そして肝心要の音響効果への論評がなし得ない建築中途の段階であろうと、そんなことはお構いなしだ。市民は早速、次のような辛辣《しんらつ》な戯れ歌を歌った。

ジッカルツブルクとヴァン・デア・ニル
二人とも揃いも揃って同じやりかた。
ギリシア風、ゴシック風、ルネッサンス風と
どれもこれも取り入れて。

（マルクス、江村洋訳『ハプスブルク夜話』）

ここで、もう一度確認しておくが、新歌劇場はようやくその外観を見せ始めただけで、内装等の工事はまだなされておらず使い勝手などは皆目、見当がつかない建築途中のものであった。

リングシュトラーセンツァイトにできあがったあまたの建物群で、とりわけ、ウィーン市民の容赦ない批判を浴びたのはこの帝立・王立宮廷歌劇場の他に芝居の常打ち小屋である帝立・王立宮廷ブルク劇場、国会議事堂、新ウィーン市役所のあわせて四つである。これらがすべて出揃った後、ウィーン市民は次のように痛罵した。

議事堂は何も聞こえない広間がいくつかある。
市役所は何も見えない部屋がいくつかある。
ブルク劇場は何も見えない、何も聞こえない劇場だ。

これに対して完成後の新歌劇場は音響効果、舞台の見やすさについてはともに、おおむね好評であった。要するに建築途中での歌劇場に対する批判の大合唱はもっぱらその外観に向けてのものであったのである。それでは何が悪かったのか？

噂に殺された芸術家

一八六九年五月二十七日、とはすなわち、帝立・王立宮廷歌劇場の柿落しの翌々日、ウィーンの新聞『プレッセ』は次のような匿名記事を載せている。

我がオペラハウスについて取りざたされている欠陥の一部は設計者の責任とは言えない。つまり、接地車道が土盛りされるかと思うと、今度は掘り返され、しばらくするとまた土盛りされるといったわけのわからぬ変更を見れば、オペラハウスが車道よりかなり低くなっていることが、はたして設計者の責任なのか、それとも宮廷建設局本部の責任なのかはっきりしないのである。（略）この建物への嘲笑は取るに足らないものだ。それはわずかな欠点をあげつらい、新歌劇場に『建築上のケーニッヒグレーツ』というあだ名をつけている。これは笑止千万である。なぜなら新歌劇場の内部は驚嘆に値するものなのだからである。

新歌劇場への批判はいろいろとあったがその最大のものは、劇場の入り口のアーチがオペル・リングの車道より一メートルほど低かったということであった。このことを批評家たちは、まるで鬼の首を取ったように「建築上のケーニッヒグレーツ」と評したのである。

劇場が完成する前のこの痛烈な批判に耐えかねて、ヴァン・デア・ニルは自宅の寝室で首を吊って自ら命を絶った。一八六八年四月四日のことである。五十六歳だった。このとき妻マリア・キラーは妊娠していた。やがて生まれた女の子は遺腹の子となる。

一方、刎頸《ふんけい》の友の縊死《いし》を知ったジッカルツブルクは、そのちょうど二カ月後、心臓発作に襲われ製図机の上に倒れ息を引き取った。残された家族は妻と娘一人。彼の妻は彼の従姉妹であった。二人の結婚は四親等内の結婚のためカトリックの特免を受けなければならなかった。そんな障害を乗り越えての幸せな結婚の行き着いた道が篤実な夫の早すぎる死であった。

二人は批評に殺されたと言ってもよい。

しかし、彼ら二人の命を奪ったのは同じ建築仲間の発する激越な批評ではなかった。「人間というものはその運命を突然棍棒で殴られるよりも、身体の一部を毎日毎日、針でちくちく刺されるほうが耐えられないものなのである」（アイテルベルク『ウィーンの芸術と芸術家たち』）。

すなわち、二人を死に追いやったのはウィーンの辻々で、喫茶店で、酒場で、レストランで、劇場でそれこそ日々、執拗に囁《ささや》かれたある噂であった。

どうやら皇帝陛下もあの新宮廷歌劇場がお気に召さないらしい。何でも陛下は「宮廷歌劇場は『沈んだ箱』みたいだ」とおっしゃったらしい。

「沈んだ箱」。実に言い得て妙であった。この言葉は強烈なインパクトを与えた。と同時に、新宮廷歌劇場の前の道路を土盛りしたかと思うと、今度はそれを掘り返し、さらには再び土盛りするといった宮廷建設局本部のお役所仕事のでたらめぶりは、この言葉でいっぺんにその責任を逃れた。「箱（＝新宮廷歌劇場）」がオペル・リングより一メートルも「沈んだ」のがいけないのだ。ともかく「箱」のほうが悪い。この言葉はこんな風に世間をリードした。かくして、世の批判は「沈んだ箱」を設計した二人の建築家に向かって真一文字に進んだのである。

さて、フランツ・ヨーゼフ一世が本当にこの通りの言を吐いたのだという確証はない。だが、帝が建築中の宮廷歌劇場に不快を漏らしたことはほぼ間違いない。ただし、これがそのまま宮廷歌劇場に対する帝の好悪の表現だったかどうかは保証の限りではない。

フランツ・ヨーゼフ一世は音楽がからきし駄目な人間であった。それについては、こんなエピソードがある。

帝が歌劇場にお出ましになると皇帝讃歌が演奏される。しかし、帝は今歌われている曲が実は自分を称える歌であることに気がつかない。だが、劇場内の全員が起立している。そこで帝は思い当たる。そうか、これが皇帝讃歌なるものか、と。

否、音楽に限らず、フランツ・ヨーゼフ一世はもともと、芸術音痴であった。詩歌管絃、造形芸術にはまったく関心を示さなかった。帝の関心はもっぱら狩猟と軍隊に向けられていた。一説によると、帝が読む書物は軍隊一覧だけであったという。だが、学芸を愛好するのは王侯貴族たるもののたしなみの一つである。とりわけ、王侯の中の王侯、ハプスブルク家の一門たるものは、どんな苦境にあっても絶えず、詩の一節を諳《そら》んじ、弦をつまびき、彩管をふるうのがその習いであった。それでこそ、「国、また興る」が同家の歴史でもあった。しかし、嫌いなものはどうしようもない。こうして、フランツ・ヨーゼフにとって音楽会、劇場に足を運ぶのは、芯からの勉強嫌いが義務教育だからといって無理矢理、学校に行かされるようなものであった。つまり、帝は学芸のパトロンになるという王侯の使命を嫌々努めていただけである。

そんな帝に近侍の者が新宮廷歌劇場への感想を求める。これは帝にとっては五月蠅《うるさ》いことこの上ないことである。もとより建築の善し悪しなど知る由もない。だが、近侍は帝の御言葉をひたすら待っている。何か言わなければならない。それにしてもこの余に向かって、余の弱みを突く意地悪な質問をするものだ。一瞬、帝の心に不快が走る。その不快感はこのような底意地の悪い質問をする近侍に向けられたのである。やおら、帝は腹立ち紛れに不用意にも「『沈んだ箱』みたいだ」と愚にもつかない言葉を漏らす。近侍はこの帝の言葉を宮廷内に言いふらす。そしてそれがじわじわと市民社会に広がっていく。

これは、むろん、想像である。だが、真相は案外こんなところかもしれない。

いずれにせよ、この噂は一人歩きを始めた。「沈んだ箱」は皇帝の言葉として、新宮廷歌劇場批判のキャッチ・コピーとなりウィーンの津々浦々に広まっていった。

死ぬことはなかった

ところで、ヨーロッパ十九世紀は明晰を求め続けた世紀である。とりわけ国民国家が成立していくとき、各国は内と外を厳密に区別し、内なる外を外のまま抱え込むという曖昧な姿勢を捨てた。民族主義とナショナリズムはこうして精緻を極め排外主義となっていく。

こんな国民国家に君主は必要なのか！　フランスは絶対君主という権力が欠けた空所を何か別なもので埋める策を編み出していた。こうしてフランスという国民国家は維持される。イギリスは国民国家の維持装置として君主の不親政形態をシステムとして押し進めてきた。

翻ってハプスブルク王朝。この王朝ほど民族主義、ナショナリズムとは氷炭相容れぬものはなかった。ハプスブルク帝国にはオーストリア民族はいない。オーストリア国家はない。それは十二の民族の雑多な集団そのものであったからである。つまり、外を外のままに内に取り込むという適応能力、曖昧模糊《あいまいもこ》、融通無碍《ゆうずうむげ》、鵺《ぬえ》的体質こそがハプスブルク帝国を帝国たらしめていたのである。

だが、いまは民族主義の嵐が吹き荒れている。そんな中、十二の民族を束ねる超民族王朝ハプスブルク帝国を維持するには、互いにせめぎ合ういずれの勢力もけっして手を触れること能わぬ空虚が必要であった。古来、「人は空虚を畏怖する」(アリストテレス)からである。帝国の中心に皇帝と等身大の巨大な空虚を据える。これでこそ帝国が維持され、十二の民族は共生できるのである。皇帝という空虚にすべてを預け、エポケー(判断中止)の世界に身を浸す。これが十九世紀から二十世紀にかけての超民族王朝ハプスブルク帝国特有の君主制システムであった。

一八四八年、帝国はウィーン革命という未曾有な危機を迎えた。だがハプスブルク王朝は十八歳のさっそうとした青年皇帝フランツ・ヨーゼフ一世の登極によってその危機を乗り越えた。そして五千万帝国臣民はこのウィーン革命を通して皇帝のもと「一致協力」(フランツ・ヨーゼフ一世の即位の言葉)してこそ十二の民族の共生空間が保たれるのだということを肌で感じたのである。

だとすれば、皇帝の一言一句はハプスブルク帝国という小宇宙の重さを持っていることになる。そして皇帝がこのように仰せだ、という噂が賢きあたりからまことしやかに流布されればそれはいつの間にか事実となる。

ジッカルツブルクとヴァン・デア・ニルはウィーン革命の際にウィーン造形芸術アカデミー教授として、当時もっとも強硬派であった大学軍団の将校を務めてはいたが、けっして共和主義者ではなかった。さらに、あれから二十有余年が過ぎている。二人はいまでは成熟していく市民社会を保障する装置としてのオーストリア特有の君主制をまるで空気のように享

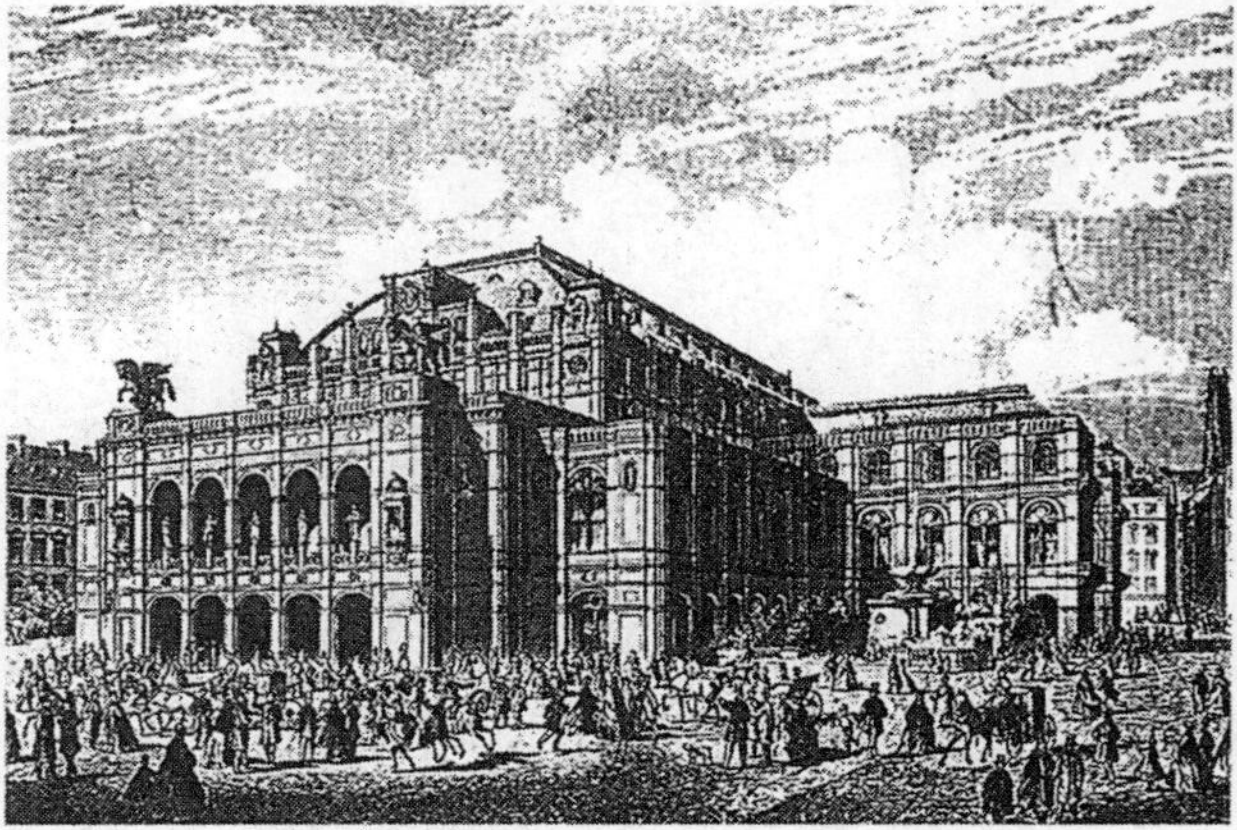

「沈んだ箱」と噂された帝立・王立宮廷歌劇場。この噂が2人の生真面目な芸術家を疲弊させ、死に追い込んだ。

受している。だからこそ、二人は執拗に囁かれた「新宮廷歌劇場は『沈んだ箱』みたいだ」という皇帝の言葉にしだいに追い詰められていったのである。

同じ建築家仲間からの批判はねたみそねみがなすもの、と思えばよい。ウィーン市民の知ったかぶりの批判はいつものことだ。だが、伝えられる皇帝陛下の御意にはとても堪えられない。陛下が本当にそのように仰ったのかどうかは問題ではない。ここで問題なのはそれが陛下の言葉として流布されていることである。陛下の御不興を買った建築家というレッテルを貼られたことである。ウィーン市民は目引き袖引きし、我々二人を嗤《わら》っている。後ろ指を指している。

二人はこんなふうに思い詰めていく。精神はずたずたにされていく。そのうち、ヴァン・デア・ニルはこの真綿で首を締められるような苦痛から逃れるために自ら命を絶った。そしてジッカルツブルクはその後を追うように憤死した。

皇帝フランツ・ヨーゼフ一世はこの悲報に驚愕を受ける。そしてハプスブルク帝国を帝国たらしめている特殊な君主制システムの理《ことわり》を痛切に知らされた。皇帝たるものは帝国の中心に巨大な空虚を造らなければならない。すなわち、徹底して己自身を空しくしなければならない。皇帝は皇帝の真実を永遠に封印しなければならない。

爾来、フランツ・ヨーゼフ一世は公の場でいっさい、自分の個人的な感想を述べることをやめた。感想を求められれば、決まって、素晴しかった、大いに満足している。

と答えるだけであった。

ジッカルツブルクとヴァン・デア・ニルの悲劇は皇帝フランツ・ヨーゼフ一世の決まり文句を生んだ。この美辞麗句によって皇帝は己の自我を徹底して封じ込み、己を空しくした。そして帝と等身大の空虚が生まれる。だが、この偉大な空虚をもってしてもハプスブルク帝国は維持できず、帝国は崩壊する。それは二人の建築家がこの世を去ってからちょうど五十年後のことである。

そして現在、二人の残した「沈んだ箱」はウィーン市民の郷土《おくに》自慢の最たるものであり、誇りであり、世界の音楽愛好家の垂涎《すいぜん》の的となっている。

しかし、だからといって、ここで、二人は死ぬことなどまったくなかったのだ、と言うのは、それは二人にとってあまりにも酷な言葉であろう。

あとがき

ちょっと、意表を衝《つ》いてみようと思った。たとえば参考文献一覧を見てほしい。水と油とまでは言わないが、互いによそよそしい間柄の書物が窮屈そうに並んでいる。中には、第1章の参考文献を見て、何で岡本綺堂の『半七捕物帳』の直ぐ後にマルティン・ルターの『軍人もまた祝福された階級に属し得るか』が続くんだ、と呆れる向きもいるだろう。それは根っからの日本史好き、時代小説好きが高じて、日本とヨーロッパのちょっとしたアナロジーを針小棒大に捉え、二つの異なる世界を強引に結びつける手法を採ったからである。これではバロック風矛盾対立物瞬時連結主義という誹《そし》りを招いても仕方のないところだ。

しかし、このような「類推の夢魔」にひとときまどろむことは、それなりに心ときめくものがある。ひょっとしたら、二本の異質な糸が縦糸横糸となって一編の物語を織り込んでくれるかもしれない。そんな期待を込めて各章の表題を「……の物語」としてみた。

さて、本書に収めた八つの「物語」はいずれも報われぬ死を遂げた個人の話である。舞台は現在のドイツ、オーストリア。時代は十五世紀から十九世紀にかけての約四百年。すなわち、中世末期から近代ヨーロッパの骨格ができあがっていった頃のことである。

しかし、だからといって本書は近代ヨーロッパ成立に大きく関わり、壮絶に散った八人の鎮魂歌ではない。いわんや、そのような「世界史的個人」（ヘーゲル『歴史哲学』）に託してヨーロッパ近代成立の仕組みを説いているわけではけっしてない。

第一、「まえがき」にも書いたように、この八つの物語の主人公には「世界史的個人」は一人もいない。むしろそれどころか、ここで取り上げた八人は、この四百年の中、それぞれの死を迎えたその直後に人々の記憶の中からさっさとこぼれ落ちてしまった個人だけである。それに、どんな個人であれ、その個人を描くことで歴史のからくりを解き明かすことがはたしてできるのだろうか？　つまり、歴史とは人間の主体性によって創り出されていくものなのだろうか？

ドイツ近代の扉を無理矢理にこじ開けたドイツ三十年戦争（一六一八〜四八年）を叙述したシラーは、確かにグスタフ・アドルフ、ヴァレンシュタインのような「世界史的個人」に焦点を当てている。それはシラーが「一人の人間に歴史が握られ、一人の人間の無知が多くの人間の破滅を呼ぶこともあるのだという歴史観を持つ歴史家」であったからである。つまり、シラーの『三十年戦史』はヨーロッパ近代が育んできた近代主体主義の一つの成果であった（ゴーロ・マン『三十年戦史・跋文』参照）。

ところが、現代の我々は、たとえばニーチェ、マルクス、フロイト、ユングさらには構造主義を知ることにより、こうした近代主体性のリアリティーに疑義を抱きながら歴史を眺めるようになってきた。本書もまたその例外ではない。

だが、しかし、ここで是非、言っておかなければならないことがある。つまり、集団のであれ、個人のであれ、人間の主体性が歴史を創るのだという考えに疑問を覚えることと、歴史の中の個人を見つめるのがたまらなく好きであるということは全然、相矛盾しないのである。だからこそ、本書はできたのである。

すなわちこうだ。過去の小さな名もなき「主体」が歴史という大きなうねりに翻弄《ほんろう》される様子を見ることで、我らが主体もこうした歴史構造の編み目にのみ存在することを改めて確認する。そしてそう確認することによって我々の主体をもっと健気《けなげ》に大事にしていこうという、思いを新たにする。こんなメッセージを物語風に語った書物。これが本書のコンセプトである。

ところで、このコンセプトそのものは私の創見によるものではない。これは小学館『バッハ全集　第3巻　教会カンタータ③』に拙文を寄稿して以来、知己となった同社第十一編集部の井本一郎氏の発案である。私が氏のこの提案を即座に承け、さっそく取りかかったのは言うまでもない。本書は井本氏の叱咤激励がなければとうていできあがることはなかった。氏にここで改めて感謝したい。他に、構成・校正を担当していただいた狩野健二氏、また調和のとれた装丁を考案していただいた折原カズヒロ氏にも厚く御礼を言いたい。

一冊の本はいつもこうした楽しい共同作業でできあがる。多謝。

菊池良生

文庫版あとがき

本文庫は二〇〇〇年に刊行した『犬死』を改題して文庫にしたものである。なにはともあれ、一一年前の本がこのようにして甦《よみがえ》るのはまことにうれしいものだ。特に今回は文庫ということで五〇年来の畏友・鎌田實から解説文をもらったのが何にも代え難くうれしい。

周知のように鎌田は医師として、作家として、テレビのコメンテータとして超多忙の身である。ところが鎌田はこちらの願いを快く引き受けてくれ、「おい、書いたぞ」と一週間もたたずに原稿を送ってきてくれた。

一読、「おい、鎌田！　そりゃないぜ！」と唸ったが、やがて眼頭が熱くなってきた。鎌田と僕との間では「青春」という言葉は決して死語ではなかったことが改めて確認できたのだ。感謝！

しかしそれにしても実に長い。といっても、鎌田の言うように僕の書くセンテンスのことではない。鎌田との付き合いだ。小学校三年の時、鎌田と僕は東京の杉並区和田本町界隈で最強と言われた少年野球チーム、グリフィンスに特別に入団を許された。二人とも体が大きかったからである。昭和三〇年代、野球の練習ができる原っぱはいくらでもあった。しかしやはり善し悪しがある。そこで先にネットを張ったほうがグランド使用権を主張できるというルールができあがった。そんなわけで鎌田と僕は日曜日になると朝四時頃、監督の家に出向き、玄関にかけてあるネットをかついで、それと目指したグランドに行きネットを張る。それから二人でキャッチボール。上級生が来ると、後はひたすら玉拾いだ。練習が終わると鎌田の家に行く。当時、鎌田の家は下宿屋も兼ねていて、下宿人には、学校では間違っても教えてくれないすこぶるつきに面白い話を語ってくれる大学生や、はっとするほどきれいなお姉さん系の女子大生がいたりして、勢い、たまり場となったのだ。

しかしそれから約半世紀、まさかこんな形で鎌田とコラボができるとは思わなかった。その場を提供してくれたのは、二年前に拙著『ハプスブルク家の光芒』の文庫化に尽力してくれたちくま文庫の小川宜裕氏である。氏にここで改めて感謝したい。

そして私の著作の謝辞の末席にはたいていこの人が座ることになっている。

妻、伸江に感謝！

菊池良生

参考文献

まえがき

司馬遼太郎『街道をゆく』朝日新聞社
山本常朝口述、和辻哲郎他校訂『葉隠』岩波書店
柴田錬三郎『眠狂四郎無頼控』新潮社
林健太郎『ドイツ史』山川出版
タキトゥス、泉井久之助訳注『ゲルマーニア』岩波書店
ヘーゲル、武市健人訳『歴史哲学』岩波書店

第1章　お人好しな太鼓叩きの物語

水原一校注『平家物語』新潮社
岡本綺堂『半七捕物帳』光文社
マルティン・ルター、吉村善夫訳「軍人もまた祝福された階級に属し得るか」(『現世の主権について』他二編) 岩波書店
フリードリヒ・ヘール、杉浦健之訳『われらのヨーロッパ』法政大学出版会
渡邊昌美『異端審問』講談社

ギュンター・フランツ、寺尾誠他訳『ドイツ農民戦争』未來社
エンゲルス、大内力訳『ドイツ農民戦争』岩波書店
前間良爾『ドイツ農民戦争史研究』九州大学出版会
Allgemeine Deutsche Biographie.（ADB）Bd.1-Bd.56 Duncker&Humblot/Berlin 1967
Neue Deutsche Biographie.（NDB）Bd.1-Bd.19 Duncker&Humblot/Berlin 1971
Hrsg. v. Walther Killy, Deutsche Biographische Enzyklopädie.（DBE）Bd.1-11 K.G.Saur München 1995
Will-Erich Peuckert, Die Große Wende. Wissenschaftliche Buchgesellschaft Darmstadt 1976
Ernst Schubert, Fahrendes Volk im Mittelalter. Verlag für Regionalgeschichte, Bielefeld 1995

第2章　叩き上げ傭兵隊長の物語

司馬遼太郎『街道をゆく』朝日新聞社
山本常朝口述、和辻哲郎他校訂『葉隠』岩波書店
丸山真男『忠誠と反逆』筑摩書房
Allgemeine Deutsche Biographie.（ADB）Bd.1-Bd.56 Duncker&Humblot/Berlin 1967
Neue Deutsche Biographie.（NDB）Bd.1-Bd.19 Duncker&Humblot/Berlin 1971
Hrsg. v. Walther Killy, Deutsche Biographische Enzyklopädie.（DBE）Bd.1-11 K.G.Saur München 1995
Fridolin Solleder, Obrist Bastian Vogelsberger, Ein Opfer der Politik Kaiser KarlV. in:

Festschrift für Georg Leidinger Zum 60. Geburtstag am 30. Dezember 1930 Hugo Schmidt Verlag München

第3章　哀しい官僚の物語

ミシェル・フーコー、田村俶訳『監獄の誕生』新潮社
ウィリアム・シェイクスピア、小田島雄志訳『テンペスト』白水社
松岡正剛「デフォー　メディア政治の想像力」（週刊朝日百科『世界の文学』第二巻三号）朝日新聞社
イヴ＝マリ・ベルセ、井上幸治監訳『祭りと叛乱』新評論
ニコル・ゴンティエ、藤田朋久他訳『中世都市と暴力』白水社
川端博監修『拷問の歴史』河出書房新社
オットー・ボルスト、永野藤夫他訳『中世ヨーロッパ生活誌1、2』白水社
Allgemeine Deutsche Biographie.（ADB）Bd.1-Bd.56 Duncker&Humblot/Berlin 1967
Neue Deutsche Biographie.（NDB）Bd.1-Bd.19 Duncker&Humblot/Berlin 1971
Hrsg. v. Walther Killy, Deutsche Biographische Enzyklopädie.（DBE）Bd.1-11 K.G.Saur München 1995
Manfred Eimer, Konrad Breuning. in: Schwäbische Lebensbilder. Hrsg. von der Württembergischen Komission für Landesgeschichte, W.Kohlhammer Verlag Stuttgart 1948

第4章 「死ぬ者貧乏」将軍の物語

尾崎紅葉『多情多恨』岩波書店

モンタネッリ/ジェルヴァーゾ、藤沢道郎訳『ルネサンスの歴史 上、下』中央公論社

エドワード・ギボン、朱牟田夏雄訳『ローマ帝国衰亡史 5』筑摩書房

ハインリヒ・プレティヒャ、関楠生訳『中世への旅 農民戦争と傭兵』白水社

京都大学文学部西洋史研究室編『傭兵制度の歴史的研究』比叡書房

Allgemeine Deutsche Biographie.(ADB) Bd.1-Bd.56 Duncker&Humblot/Berlin 1967

Neue Deutsche Biographie.(NDB) Bd.1-Bd.19 Duncker&Humblot/Berlin 1971

Hrsg. v. Walther Killy, Deutsche Biographische Enzyklopädie (DBE). Bd.1-11 K.G.Saur München 1995

Reinhard Bauman, Georg von Frundsberg. Sturmberger Verelag 1991

Reinhard Bauman, Landsknechte. Ihre Geschichte und Kultur vom späten Mittelalter bis zum Dreißigjährigen Krieg. Verlag C.H. Beck, München 1994

第5章 純真な老将の物語

矢内原忠雄『イエス伝』角川書店

ウィリアム・シェイクスピア、小田島雄志訳『ジュリアス・シーザー』白水社

ハインリヒ・プレティヒャ、関楠生訳『中世への旅 農民戦争と傭兵』白水社

Allgemeine Deutsche Biographie.(ADB) Bd.1-Bd.56 Duncker&Humblot/Berlin 1967

Neue Deutsche Biographie. (NDB) Bd.1-Bd.19 Duncker&Humblot/Berlin 1971
Hrsg. v. Walther Killy, Deutsche Biographische Enzyklopädie. (DBE) Bd.1-11 K.G.Saur München 1995
Friedrich Schiller, Geschichte des Dreißigjährigen Kriegs. Manesse Verlag Zürich 1985
C.V.Wedgwood, Der Dreijährige Krieg. List Verlag 1999
Günter Braudio, Der Deutsche Krieg 1618-1648. Fischer Verlag 1988

第6章　籠の鳥となった錬金術師の物語

森鷗外「文づかひ」(『森鷗外全集1』) 筑摩書房
F・S・テイラー、平田寛他訳『錬金術師』人文書院
種村季弘『黒い錬金術』白水社
C・G・ユング、池田紘一他訳『心理学と錬金術1、2』人文書院
浅岡敬史『ヨーロッパ陶磁器の旅　ドイツ・オーストリア篇』中央公論社
ジャネット・グリーソン、南條竹則訳『マイセン　秘法に憑かれた男たち』集英社
Allgemeine Deutsche Biographie. (ADB) Bd.1-Bd.56 Duncker&Humblot/Berlin 1967
Neue Deutsche Biographie. (NDB) Bd.1-Bd.19 Duncker&Humblot/Berlin 1971
Hrsg. v. Walther Killy, Deutsche Biographische Enzyklopädie. (DBE) Bd.1-11 K.G.Saur München 1995
Karlheinz Blaschke, Der Fürstenzugzu Dresden. Urania Verlag 1991

第7章　善良な田舎将軍の物語

赤坂憲雄『王と天皇』筑摩書房
鹿島茂『パリの王様たち』文藝春秋
江藤淳『成熟と喪失』講談社
トルストイ、米川正夫訳『戦争と平和』岩波書店
Allgemeine Deutsche Biographie.（ADB）Bd.1-Bd.56 Duncker&Humblot/Berlin 1967
Neue Deutsche Biographie.（NDB）Bd.1-Bd.19 Duncker&Humblot/Berlin 1971
Hrsg. v. Walther Killy, Deutsche Biographische Enzyklopädie.（DBE）Bd.1-11 K.G.Saur München 1995
Österreichisches Biographisches Lexikon 1815-1950. Bd.1-Bd.10 Verlag der österreichischen Akademie der Wissenschaften, Wien 1994
Markus Fauser, Intertextualität als Poetik des Epigonalen. Immermann-Studien. Wilhelm Fink Verlag 1999
Joseph Hormayr, Geschichte Andreas Hofer's. 1816
Karl Immermann, Das Trauerspiel in Tirol. Sansyusya Publishing Co., Ltd. 1974
Hellmut Andics, Das österreichische Jahrhundert 1. Bd. Wilhelm Goldmann Verlag 1984
Michael Forscher, Tirols Geschichte in Wort und Bild. Haymon verlag 1984

第8章　生真面目な芸術家の物語

司馬遼太郎『街道をゆく』朝日新聞社

萩谷朴校注『枕草子』新潮社

近藤みゆき「うた」（週刊朝日百科『世界の文学』第八巻二三号）朝日新聞社

ヨーゼフ・ロート、中居実訳「皇帝、ひそかに窓をあける！」（池内紀編『ウィーン　聖なる春』）国書刊行会

カール・E・ショースキー、安井琢磨訳『世紀末ウィーン』岩波書店

ゲオルク・マルクス、江村洋訳『ハプスブルク夜話』河出書房新社

Allgemeine Deutsche Biographie. (ADB) Bd.1-Bd.56 Duncker&Humblot/Berlin 1967

Neue Deutsche Biographie. (NDB) Bd.1-Bd.19 Duncker&Humblot/Berlin 1971

Hrsg. v. Walther Killy, Deutsche Biographische Enzyklopädie. (DBE) Bd.1-11 K.G.Saur München 1995

Österreichisches Biographisches Lexikon 1815-1950. Bd.1-Bd.10 Verlag der österreichischen Akademie der Wissenschaften, Wien 1994

Hans-Christoph Hoffmann, Die Architekten Eduard van der Nüll und August von Sicardsburg. in: Das Wiener Opernhaus. Franz Steiner Verlag. Wiesbaden 1972

Isabella Ackerl, Die Chronik Wiens. Chronik Verlag. 1988

Hrsg. von Peter Csendes, Das Zeitalter Kaiser Franz Josephs I. Verlag Christian Brandstätter Wien 1989

Rudolf von Eitelberger, Kunst und Künstler Wiens, Wien 1879

あとがき

ヘーゲル、武市健人訳『歴史哲学』岩波書店
Friedrich Schiller, Geschichte des Dreißigjährigen Kriegs. Manesse Verlag, Zürich 1985

解説

医師・作家　鎌田　實

おもしろかった。なるほど、なるほどと思いながら読んだ。本がおもしろいので、解説も負けずにおもしろすぎる解説を書くことに決めた。

ハプスブルク家の中心的人物や悲劇の皇帝など、歴史の中心で、時代を動かした人たちの話ではない。大きな歴史のなかの小さな個人を見つめ、その人間くさい生き方をたまらなく愛していることが、文章の端々に感じられる。

浮かばれないまま死んでいった田舎将軍や傭兵隊長、いかがわしい存在であった錬金術師、能力もあり運も持っているのに自殺した芸術家など、八人の生き方が「いとおかし」なのだ。悲しみをたたえた、笑えないおかしさ。ドジだなと思いながら、ついつい主人公に感情移入していった。

この本はいやに説得力を持っている。なぜだろう。文献的な考察がしっかりとなされているからだ。菊池の菊池らしい所だ。菊池の著書には、最も得意とする『ハプスブルク家の光芒』系のたくさんの名著以外に、『傭兵の二千年史』や『ハプスブルク帝国の情報メディア革命―近代郵便制度の誕生』、最新刊『警察の誕生』など、優れた本がいくつもある。近代国家とその軍隊や警察や郵便制度が、どのようにできてきたのかがわかってくる。それらの本の種が、すでにこの本のなかに内包されている。

この文庫は二〇〇〇年秋、『犬死――歴史から消えた8人の生贄』というタイトルで単行本として出版された。ちょうど同じ時期、ぼくも『がんばらない』(集英社)という本を出した。ベストセラーになり、テレビドラマ化もされた。

『犬死』は、あまりたくさんの人に読んでもらえなかった。なんで売れないんだろうと、二人でよく話した。

「『犬死』というタイトルがいけないんじゃないだろうか。本そのものが犬死だぞ」とぼくは話した。著者は「そうかなあ、結構いいタイトルだと思ったんだけど。おれにはそういうセンスがないんだ」とあっけらかんとしていた。

実は、ぼくと菊池良生とは、小学校時代からの刎頸《ふんけい》の友だった。菊池のことを、ぼくはオッチンと呼んでいた。ぼくも子ども時代から老けて見える傾向があったが、菊池はぼくよりもずっと老けて見えた。小学生なのに高校生、いや、オヤジのようだった。

ぼくは子どものころから、簡単なものを簡単に言うしかできなかった。難しいものを簡単に言う能力をいつか身につけたいと思っていた。オッチンはそのころから、簡単なことを難しく言う性格だった。

第8章にこんな文章を見つけた。

「外を外のままに内に取り込むという適応能力、曖昧模糊《あいまいもこ》、融通無碍《ゆうずうむげ》、鵺《ぬえ》的体質こそがハプスブルク帝国を帝国たらしめていたのである」

何でも難しく言うのが好きな菊池らしいなと思った。簡単なことを簡単にしか言えない鎌田なら、「そのいい加減さが、ハプスブルク帝国を帝国たらしめていた」とでも書くだろうか。四文字熟語が四つ並んでいる。昔から難しい漢字を操るのが好きな男だった。

二人とも野球少年だった。菊池がピッチャー、ぼくがキャッチャーで、バッテリーを組んでいた。練習が終わった後も、家の前の路地で真っ暗になるまでキャッチボールをしたものだ。そのあと、女の子の話、文学、人生について語り合った。コムズカシイことを言う、ませたガキだった。今となればあれが、二人にとってモノ書きの修業だった。

菊池は抜群に球が速かった。直球勝負をすればいいのだが、ムチャクチャな荒れ球である。本人も承知していた。

速いカーブとスローカーブの二つの変化球も投げた。菊池は相手を幻惑させるのが好きだった。『ハプスブルク家の人々』が直球勝負なら、この『犬死』は二種類のカーブにあたる。しかし、このカーブもコントロールが悪かったため、結局、自滅していくのである。菊池は、こうやって小学生の頃からの自らの自滅経験を通して滅びていく者に対する共感を学んでいった。

キャッチャーのぼくは、小学生にしてはオヤジ級の剛速球があるのだから、直球一本で勝負すればいいのにと思っていた。キャッチャーのぼくのサインに従わないピッチャーだった。フォアボールのランナーをためて自らピンチを背負い込む。こういうのが好きな男だった。がんばらないぼくは、無理をしない。サインは小指を立てる。こんなサインはないのだが二人にはわかる。菊池はクスッと笑った。マリちゃんという好きな女の子のことを勝手に思い出しているのだ。肩の力が抜けた。好きな球を投げろという意味だ。言い方を変えれば、キャッチャーはサジを投げたのだ。しかし、しかしである。ここで剛速球が奇跡のようにピンポイントに投げ込まれる。菊池はそういう不思議な小学生だった。

中学一年の時、菊池は生徒会副会長の選挙に出る。ぼくが、選挙参謀。もちろん当選。おもしろいことをいっぱいやった。学校をよくしようなんてこれっぽっちも考えていない。全部、女の子にモテたいから。でも、二人ともモテなかった。

二人はさらに、ナマイキなガキになった。菊池はまるで哲学者、ぼくは詩人のように勝手に思い込んでいた。大人と対決しても負けないくらいハナッパシラが強かった。大人なんて、たいしたことないと思っていた。こういうタイプって、女子にモテない。今ならよくわかる。モテた男子はバイオリンを弾く優等生だ。女の子は、リアルな世界で男の子の価値を決めていた。そういうものだ。二人の青春は暗かった。

菊池は子どものころから知識欲が旺盛だった。教養があった。たくさん本を読んでいた。菊池の文章には、みんなが知らないようなカタカナや漢字が多く、みんなをびっくりさせていた。みんなから一目置かれていたのだ。それは、今も変わっていない。

この本にも、「エピゴーネン」という言葉がどんなふうに広がったのかが書かれている。教養のないぼくは、そうか、そうかとうなずきっぱなし。知っているとちょっとカッコいい知識が、いっぱい散りばめられている。

やっぱりオッチンはすごい。でも、本当にすごいのはそんなことじゃないのだ。ヤクザの親分のような恐い顔をしているが、気が優しい。

この本に出てくる傭兵隊長や錬金術師たち八人の主人公に対して注がれた、何ともやさしいまなざしは、小学生のオッチンそのままだ。歴史の表舞台に出ることなく犬死していった主人公たちの生き方を、文献を丹念に当たりながら、見事に生き返らせている。

菊池は、子どものころからしゃべりだすとなかなか止まらなかった。センテンスが長く、口を挟めないのである。第2章にこんな文を見つけた。

「一騎打ちという戦いの美学をとことんまで追い求め、自らの立ち居ふるまい、礼儀作法、生活様式を典礼の美に高めた軍人である騎士は酷薄な時の流れに粉微塵に打ち砕かれ、歴史という虚空に追いやられてしまったのだ」

長い、とにかく長い。これがワンセンテンス。菊池流の文体だ。しゃべりだすと止まらない子どものころの菊池と、ちっとも変わっていないなと思った。

ぼくたちは別々の高校に進んだ。菊池良生は都立立川高校、ぼくは都立西高校だ。高校生なのに、中学時代の野球部の仲間が集まって、マージャンをしようという話になった。三人しかいなかった。平日だ。みんなが「オッチンを呼べ」と言う。

怖いもの知らずのぼくは、都立立川高校の職員室に電話をした。親戚の者だと名乗った。しばらくして、オッチンが電話口に出てきた。「マージャンの面子が一人足りないから、すぐ飛んで来い」

言うほうも言うほうだ。

だが、これを聞いて菊池は担任の教師に「親戚の人が病気になった」と言い、早退を申し出た。この辺が、菊池のエライ所だ。よくビビらずに学校を抜け出したものだと思う。

高校生なのに徹夜でマージャンをして、マージャンに疲れると人生を語り合った。菊池良生は、「大学で研究をする」と夢を語った。もちろん、文学、である。本当にそのとおりになった。

菊池は、ぼくたちとバカな遊びをしながらも、きちんとした道を歩いていった。べらぼうな知識を頭の中につめ込んでいる。抜群の記憶力。努力家なのだ。ヒラメキとドキョウだけで生きてきたぼくと違うスタイルだ。ピッチャーとしてはノーコンで、マージャンも弱かったが、彼の文献を読みあさる日々の努力には脱帽だ。

『犬死――歴史から消えた8人の生贄』は、まさに菊池良生らしい本である。中身は濃い。売れなかったのは、タイトルが悪かっただけと思うのは、親友の身びいきではないと信じている。

今度は文庫になる。タイトルを変えるという。ぜひ、たくさんの人に読んでもらいたい。期待している。

本書は、二〇〇〇年一一月に小学館より刊行された『犬死——歴史から消えた8人の生贄』を改題し文庫化した。

ちくま文庫

哀《かな》しいドイツ歴史物語《れきしものがたり》
——歴史《れきし》の闇《やみ》に消《き》えた九人《きゅうにん》の男《おとこ》たち

二〇一一年六月十日　第一刷発行

著　者　菊池良生（きくち・よしお）
発行者　菊池明郎
発行所　株式会社　筑摩書房
東京都台東区蔵前二—五—三　〒一一一—八七五五
振替〇〇一六〇—八—四一二三
装幀者　安野光雅
印刷所　中央精版印刷株式会社
製本所　中央精版印刷株式会社
乱丁・落丁本の場合は、左記宛にご送付下さい。
送料小社負担でお取り替えいたします。
ご注文・お問い合わせも左記へお願いします。
筑摩書房サービスセンター
埼玉県さいたま市北区櫛引町二—六〇四　〒三三一—八五〇七
電話番号　〇四八—六五一—〇〇五三

© YOSHIO KIKUCHI 2011 Printed in Japan

ISBN978-4-480-42835-6 C0122